ETAPAS, CARTAS Y DIARIO DE UN CURA DIOCESANO
© Lorenzo Orellana Hurtado
Diseño de portada: Dpto. de Diseño Gráfico Exlibric
Imagen de portada: iglesia parroquial del Sagrado Corazón de Jesús, Melilla, diócesis de Málaga

Iª edición

© ExLibric, 2026.

Editado por: ExLibric
c/ Cueva de Viera, 2, Local 3
Centro Negocios CADI
29200 Antequera (Málaga)
Teléfono: 952 70 60 04
Fax: 952 84 55 03
Correo electrónico: exlibric@exlibric.com
Internet: www.exlibric.com

ISBN: 979-13-88255-41-0
Depósito Legal: MA 543-2026

Impresión: PODiPrint
Impreso en Andalucía – España

Nota de la editorial: ExLibric pertenece a Innovación y Cualificación S. L.

LORENZO ORELLANA HURTADO

ETAPAS, CARTAS Y DIARIO
DE UN CURA DIOCESANO

ExLibric

ANTEQUERA 2026

Agradezco a don Antonio Aguilera Cabello las correcciones del manuscrito.

Índice

Prefacio

En el prólogo del libro que sostiene tus manos, *Etapas, cartas y diario de un cura diocesano,* Lorenzo Orellana nos manifiesta honradamente, con este enunciado descriptivo, su intención al escribir: «Ser espejo de la existencia de un cura diocesano».

Su larga existencia sacerdotal se revela en las diversas etapas de su vida, enmarcadas en paisajes; su experiencia de cura dialoga en las cartas recibidas, que atestiguan la riqueza de sus relaciones; y su honda riqueza interior fluye como manantial sereno en un diario que, con la contención del pudor, saca a la luz un catálogo de vivencias y sentimientos que hilan la riqueza de una vocación sostenida en dos miradas: una, al buen pastor, y otra, a las ovejas. La primera, para que la imagen del buen pastor se refleje en su vida; la segunda, para cuidar a las ovejas con las mismas entrañas del único pastor. Esta doble mirada se aquilató en una etapa formativa de seminario, que fue intensamente vivida.

Mis palabras quisieran ser solo un prefacio para abordar con más provecho la lectura de este libro. La palabra prefacio tiene un significado literario, pero también litúrgico. Nos describe el diccionario: «prefacio es el prólogo o introducción de un libro». Este libro ya contiene un prólogo del mismo autor. Pero, también señala el sentido litúrgico de esta palabra: «prefacio es parte de la misa, que precede inmediatamente al canon». Mis palabras quisieran revestirse del sabor litúrgico, de la alabanza agradecida, que transpiran estas páginas: en esta narración no ha buscado el autor la belleza estética, que su pluma atesora en abundancia, sino introducir al lector en su misma acción de gracias a Dios por la vida vivida.

Parafraseando a otro autor, Lorenzo nos dice: «Confieso que he vivido…».Y pone su vida en la patena de cada misa, en un gesto de profundo agradecimiento por lo vivido y de serena esperanza por lo que eternamente queda por vivir.

Isaías, profeta y poeta, nos describe la palabra de Dios con una metáfora cargada de simbolismo: «Como bajan la lluvia y la nieve desde el cielo, y no vuelven allá, sino después de empapar la tierra, de fecundarla y hacerla geminar, para que dé semilla al sembrador y pan al que come, así será la palabra, que sale de mi boca: no volverá a mí vacía, sino que cumplirá mi deseo» (Is 55, 10-11).

Lorenzo se ha dejado empapar por la lluvia de la palabra, que ha ido calando en su vida, construyendo una mina interior de agua subterránea, continuamente alimentada con dos veneros: la íntima soledad del estudio y la oración y la rica pluralidad de su experiencia ministerial, que le ha llevado a grandes saltos: de Europa a América, de Málaga a Melilla.

La memoria agradecida es como una mina subterránea de agua, enriquecida constantemente con el paso del tiempo, oculta y escondida, pero que termina estallando en un «reventón», porque el amor debe proclamarse. ¡Cuántas veces Lorenzo habrá paseado y meditado su vocación ante el manantial del río de la villa de Antequera, que saca a la luz las aguas subterráneas del Torcal y calma la sed de sus vecinos!

Este libro es un reventón de experiencia acumulada, de una vida cargada de humanidad, embellecida por una espiritualidad marcada por una vocación apasionada: ser trabajador de la siembra de la palabra para que florezca en pan que sacia a todos. San Juan de Ávila, mentor silencioso de la vida de Lorenzo, dejó un epitafio en su tumba: «Fui segador». Lorenzo nos dice hoy: «Fui sembrador». En esta aventura se empeñó y se sostiene su vida.

Gracias, Lorenzo, por ofrecernos el agua fresca de tu memoria.

Alfonso Crespo Hidalgo

Prólogo

El antiguo oficial de caballería Henri Beyle, conocido como Stendhal, anota la siguiente cita en *Le rouge et le noir*: «Una novela es un espejo a lo largo de un camino».

El presente libro, *Etapas, cartas y diario,* desea ser espejo de la existencia de *un cura diocesano.*

Etapas, porque remite a la presencia de los lugares, tiempos y situaciones que moldearon su existencia.

Cartas, porque aparecen algunas de las que recibió en distintos momentos de superiores, profesores, alumnos o amigos.

Y diario, porque recoge vivencias y sentimientos que fue anotando.

La existencia de un clérigo diocesano es terreno propicio para que las más diversas circunstancias interroguen su fibra humana y sacerdotal, ya que él debe ser siempre presencia del que lo sostiene.

Ojalá este libro sea fiel a lo que pedía el Patrono del Clero Secular Español, San Juan de Ávila, en el arranque de su *Audi filia*: «Invocando primero el favor del Espíritu Santo, para que rija mi pluma y apareje vuestro corazón, para que ni yo la hable mal, ni vos oigáis sin fruto; más lo uno y lo otro sea a perpetua honra de Dios y aplacimiento de su santa voluntad».[1]

---

[1] Palabras que escribió Juan de Ávila al inicio de su libro *Audi filia* tras citar el salmo 45 (44), 11-12.

PRIMERA ETAPA

La vocación

El 25 de enero de 1937, sexto mes de la guerra civil española, vine a este mundo en la Cuesta de los Rojas, Antequera.

Concluida la contienda tuvimos que abandonar el piso de mi abuela y marchar a Palenciana, el pueblo de mis padres. Meses después, por culpa del trabajo, partimos en un carro de mulas hacia la casería del Conde, un cortijo que había padecido la guerra. Mi padre trabajaba sin parar con los albañiles, para dar vida al interior de aquellos muros sin techo, ennegrecidos y muertos. Y tras un año largo de trabajo volvimos a Palenciana. No habíamos acabado de asentarnos cuando nos pusimos en camino hacia otro cortijo, el de San Juan, en la carretera de Córdoba. Y desde allí, tras varios meses, volvimos a Antequera, ya que los señoritos de los cortijos habían construido una fábrica de orujo a la que nos mandaron.

Entretanto, yo había crecido y mi familia también, pues mis padres ya tenían un niño y una niña. A veces me preguntaban qué quería ser, y yo lo tenía claro: «Carpintero, como mi padre». Él me estaba enseñando a conocer la madera por su color y olor.

—¡Ah, —decía— la calidez del cedro, la nobleza del nogal, la dureza del olivo y la fragilidad del pino son inconfundibles!

Confieso que mis padres me guiaron e inculcaron, sobre todo, la gratitud y el esfuerzo. «Virtudes que siempre sirven y satisfacen», afirmaba mi madre en aquellos tiempos de racionamiento. Las raciones no eran generosas, pero ella las convertía en guisos que sabían a gloria, por lo que, a pesar de la dureza de los años, aprendí la grandeza del esfuerzo y el agradecimiento que nunca defrauda.

El esfuerzo, en Antequera, lo veía a diario: mi padre se levantaba antes de las cuatro de la mañana para labrar la madera con la máquina, porque, durante las horas del día, el motor fallaba por culpa de las restricciones eléctricas. Trabajo en el que, desde los diez a los doce años, tuve que soportar los madrugones y convertirme en su ayudante. Aprendí mucho, pues conocí el mazo, el martillo, la escofina, los cepillos, las garlopas, las sierras, los serruchos, los formones, los escoplos, las gubias, las barrenas, el berbiquí, la falsa escuadra, el gramil, y, sobre todo, el amor al trabajo.

Mis padres eran los mejores maestros, pues fueron un vivo ejemplo de lo que decían.

Pero, antes, cuando a mis siete años se inauguró, con más de doscientos niños, el colegio San Francisco Javier, en el que conocí a los Hermanos de la Salle, pensé que me gustaría ser como el Hermano Braulio, mi profesor. Es cierto que años después me encontré con un sacerdote sabio y sencillo, don Amalio, y mi deseo fue otro: se me fue imponiendo la idea de ser sacerdote…

Es verdad que, para entonces, la familia había vuelto a crecer: dos niños y dos niñas, y, de nuevo, tuvimos que volvernos a mudar. Esta vez a la refinería de aceite Valdealanes, otra fábrica que habían comprado los mismos señores. Recuerdo que cuando vi que el aceite nadaba sobre el agua sin perder su ser, creí que eso era lo que me estaba aconteciendo. La idea de ser como don Amalio se fue imponiendo sobre la de Hermano de la Salle y la de ser carpintero…

Un día, en la sacristía de la parroquia de San Pedro, de Antequera, don Amalio dijo a un grupo de niños que nos llamábamos «aspirantes»: «Si queréis agradar a Jesús, preguntaos: si Jesús hiciera lo que yo voy a hacer, ¿cómo lo haría?».

Por lo que, poco después, dije en casa:

—Me quiero ir al seminario, porque me gustaría ser cura como don Amalio.

Mi madre guardó silencio, pero mi padre me soltó:

—Yo creía que serías carpintero como yo. Piénsatelo, eres mi hijo mayor, y yo te dejaría todas mis herramientas.

Pero, como buen cordobés, primero vio la dificultad y después buscó la solución. Así que, al ver la seriedad de mi decisión, la aceptó y me llevó personalmente al seminario.

En el seminario

Salimos para el seminario el 29 de septiembre de 1949, día de san Miguel Arcángel. Mi padre aprovechó la ida del camión de los Muñoz Rojas para llevarme. En la cabina íbamos Juan Montilla, conductor; Zambrana, su ayudante; mi padre y yo. Y en el cajón, mi padre había puesto el baúl —que él había hecho— con mi ropa, la colcha, mantas, sábanas y zapatos; el colchón iba amarrado al baúl, pues al seminario había que llevar todo eso.

En el seminario de Málaga crecí, estudié, oré, dimos largos paseos, hice deporte (casi exclusivamente fútbol y *ping-pong*) y me fui formando... Pero como vivíamos en el tiempo de la comida racionada, lo primero que tuve que entregar, si quería ser admitido, fue la cartilla de racionamiento. Me dolió quitarle a mi madre la mía, pero no había otro remedio.

Y en el seminario, a pesar de que la comida era poco sabrosa, abundaban la risa y la alegría. Era como si la misma naturaleza invitara a reír, pues cada noche, mientras rezábamos *completas* y pedíamos perdón por las faltas del día, un burro que habitaba en los montes cercanos comenzaba a rebuznar, con tanta potencia que su eco quedaba resonando en las paredes del templo. Y mientras más rebuznaba, más nos reíamos. Era una risa tan pura que ayudaba a dormir. ¡Qué manera tan curiosa de invitarnos a descansar tenía el Señor! La alegría se me acrecentó cuando leí en la Biblia que Dios también sonríe. El salmo segundo lo afirma: «Aquel que se sienta en los cielos, sonríe».

Y allí, predispuesto por «la gratitud que siempre sirve», como decía mi madre, aprecié la enseñanza de los superiores y padres espirituales. Ellos nos inculcaron el amor a la eucaristía, al prójimo, al deber y a la virtud de la obediencia.

Virtud que, en la galería principal, de sesenta metros de largo por tres de ancho, se nos hacía presente cada día, pues nos recordaba con piedrecitas blancas y negras la desobediencia que debíamos pisotear.

Contenía cinco viñetas: en la primera una serpiente portaba un «NO» (viva imagen del desobediente); en la segunda, otra serpiente arrastraba un «Sí… PERO» (retrato de quien busca no obedecer); en la viñeta central el autor de la desobediencia: «YO»; y en las dos últimas, las artimañas para no obedecer prontamente: un pájaro llamado «¡CUCO!» y un grajo portando la palabra «CRAS».

La galería de la obediencia mostraba que la desobediencia discurre entre el NO rotundo y el que busca PEROS para no obedecer con prontitud; «peros» que se resumen en la actitud del que se comporta como el escurridizo CUCO o como el grajo que grazna CRAS, mañana, para no obedecer hoy.

Y es que en el seminario se respiraba el genio pedagógico de su fundador, don Manuel González García, el obispo del sagrario abandonado, quien decía:

—Yo no quiero un seminario en el que la Sagrada Eucaristía sea una de sus cosas, aunque la principal, sino que el seminario aquel sea una cosa de la Eucaristía y, por consiguiente, en que todo de ella venga, a ella lleve y vaya desde la roca de sus cimientos hasta la cruz de sus tejados.

Por supuesto, lo mejor de aquel centro era el plantel de profesores, superiores y padres espirituales que nos fueron enamorando del estudio, la oración y la liturgia, hasta el punto de que las eucaristías dominicales y el rezo cantado de vísperas resultaban grandiosos. Seminario en el que se creaba un ambiente en el que, a pesar de las estrecheces, vivíamos con alegría. Alegría y humor que ayudaban a solucionar pequeños problemas.

Recuerdo el almuerzo de un día en el que nos dieron permiso para hablar. En el primer plato, como casi siempre, cocido de garbanzos a los que apodábamos «trompitos,» ya que resultaban tiernamente duros. Y en esto, dos compañeros se enzarzan en una discusión. El motivo de la disputa lo he olvidado, pero el argumento decisivo no, lo esgrimió uno de los oyentes, quien alzó la voz y les dijo: «Si no os calláis os tiro un trompito y os descalabro». La sorpresa produjo tan unánime carcajada que se olvidó la disputa.

Allí aprendimos la fidelidad al trabajo, que era el estudio y el amor a la oración. El padre espiritual, don Prudencio Jiménez, queriendo inculcarnos el cumplimiento del deber, decía: «El sacerdote debe dar siempre lo mejor de sí mismo, hasta quedar al final de cada jornada como un limón exprimido». Y, hablando de la oración, comentó un día el texto de Lucas 10, 21, el *ita Pater*, la aceptación suprema de la voluntad del Padre. Y se entusiasmó de tal manera que aquel, «*así Padre*», me produjo una sacudida que aún resuena dentro de mí.

El seminario también se preocupó de que los seminaristas tuviésemos conocimientos del trabajo manual. Para ello, el mes de agosto de los primeros cursos, recibimos enseñanzas en la Escuela de Artes y Oficios, Francisco Franco, de Málaga, donde se nos dieron lecciones teóricas y prácticas de electricidad, carpintería y mecánica. «Aprendizaje que sería útil el día que tuviésemos que responsabilizarnos de los templos y de los salones parroquiales», decía don Ángel Herrera.

A medida que avanzábamos en los estudios, las enseñanzas añadidas fueron otras: durante los cursos de filosofía nos entrenábamos como catequistas en las Escuelas del Ave María; y durante los años de teología visitábamos a los enfermos del hospital Civil, y pasábamos los meses de agosto en las Escuelas Rurales Diocesanas. «Experiencia de los campos» la llamábamos. Experiencia a la que acudían alumnos de otros seminarios y congregaciones religiosas.

Por el seminario también pasaron catedráticos y escritores que nos impartieron cursillos y conferencias. No he olvidado el cursillo titulado «formación cinematográfica» que nos ofreció don José María Pérez Lozano, fundador y director de la revista *Film Ideal*.[2]

---

[2]   Una tarde, en tercer curso de Teología, en la galería del Seminario Mayor, me acerqué a él mostrándole su libro *Un católico va al cine*. Me lo pidió y me puso esta dedicatoria: «Para Lorenzo Orellana. Frente a Gibralfaro, los eucaliptos, el cine, el espacio, el tiempo… Que seas buen cura. Con un abrazo. José María. Málaga, 28-5-60».

De los profesores de los primeros cursos, unos eran sacerdotes y otros laicos —especialistas en sus materias—. Recuerdo a don Juan Ortega, don Emilio Mandly, don Juan Luna (eterno profesor de matemáticas), don Manuel Pineda, don Manuel Ruiz Castro, don Salvador López Medina, don Ramón Casares, don Manuel Gámez —gran profesor y director de la *Schola Cantorum*—, etc. Mis superiores en los cinco primeros cursos fueron: don José Campos Pavón, don Enrique Martínez, don José María Ortega y don Francisco Castro.

De los cursos de filosofía nadie ha olvidado a don Justo Novo (a quien examinó de griego don Miguel de Unamuno, según contaba). En clase tenía la costumbre de sentar junto a sí, en la tarima, a quien nombraba para exponer la lección. Y el día que tocaba hablar de san Agustín, me señaló a mí. Me senté a su lado y comencé diciendo:

—San Agustín, el águila de Hipona…

Me interrumpió y explicó toda la lección, mientras yo asentía encantado.

Otro profesor, inolvidable, don Enrique Molina Campos, nos hizo conocer y amar la literatura…

En 1958, a Enrique Molina le concedieron por su libro, *La Puerta*, el accésit del premio Adonáis. Con los años mantuve correspondencia epistolar con él, en la que, a veces, me hacía algún comentario literario.

Ese mismo año falleció Pio XII. Estábamos en segundo curso de teología y era la primera vez que vivíamos la muerte de un Papa. Los comentarios sobre sus posibles sucesores se multiplicaban. El profesor de Sagrada Escritura nos decía que el cardenal Gregorio Pietro Agagianian sería el elegido. Tanto nos lo repitió que yo me lo creí. Pero el 28 de octubre el elegido fue el Cardenal Roncalli, Patriarca de Venecia, uno que no entraba en las quinielas y que pasó a llamarse Juan XXIII. Es más, dijo que tomó el nombre de Juan porque así se llamaban su padre y el patrón de su pueblo. Tanta sencillez me encantó. Y mi alegría creció cuando montó, por primera vez, en la silla gestatoria. Miró a los portadores, sonrió y les dijo: «Es lógico que ahora cobréis más, pues yo peso el doble que Pio XII». Descubrir un Papa tan cercano y lleno de humor fue un plus de alegría.

De los profesores del Seminario Mayor recuerdo a don Ángel San Vicente, don Francisco Carrillo, don Luis Vera, don José Mª Eguáras, don Antonio Yáñez, don Manuel Díez de los Ríos, don Ricardo Navarrete, etc. Pero como don Ángel Herrera quería que sus sacerdotes supieran redactar bien, se nos añadió la asignatura: Comentario de Texto, con el poeta don Alfonso Canales de profesor y *El Quijote* de texto. Don Alfonso, explicando la obra de Cervantes, decía: «El mundo de hoy lo que necesita es la recreación». Y yo me pregunté: «¿Cómo tendríamos que hablar de la obra del Creador y Redentor, si la creación surgió de la palabra y el espíritu, y la recreación de su encarnación, vida, muerte y resurrección? ¿Cómo entonces? Si voy a ser sacerdote he de vivir abierto al Creador, que me obliga a saber comunicar lo inabarcable de su amor manifestado en Cristo Jesús, he aquí la tarea recreadora de todo presbítero».

Entre otros profesores del Seminario Mayor, no quiero olvidar a don Manuel González Ruiz y a su hermano, don José María, el que nos alentó en el amor a las Sagradas Escrituras. A él le envié una carta, en agosto de 1960, desde la escuela rural de la variada Ortiz Recio (Bobadilla Estación). Le hablaba de mi experiencia en el trato con aquellas personas, y él me respondió:

> *«Mi querido amigo, Lorenzo:*
> *¡Da gusto recibir cartas así! ¡Y luego le dicen a uno que es demasiado optimista!*
> *Por aquí han desfilado ya algunos de los «campesinos». [...].*
> *Hemos comentado per longum et latum las maravillosas experiencias del contacto —hombre con hombre— que permite la estancia en los campos. [...].*
> *Ya no nos podemos acercar a los hombres con nuestros rollos preparaditos, salpicados de silogismos y guarnecidos de texto latinos. Tenemos que ir a ellos con todo nuestro pequeño y miserable ser. Así como somos, imperfectos y todo. Les tenemos que dar nuestra palabra, la palabra de cada día, no solo la palabra homilética perfumada de incienso. También nuestra sonrisa, nuestro dolor, nuestros músculos. En una palabra, nuestra comprensión. Y todo ello de verdad, sin comedia, sin truco, sin paternalismo.*
> *El Evangelio tiene todavía hojas sin abrir. Pues bien, la esencia del Evangelio es el amor del prójimo. No el amor, sino precisamente «del prójimo», a este hombre concreto que*

está a mi lado. Amar al hombre, a la humanidad es muy fácil; pero no resuelve nada. El sacerdote y el levita amaban al hombre, tenían organizada la caridad —campañas, caritas…—, y se creían ya cumplidos. Pero no repararon siquiera en «este hombre», en Pedro Pérez Gómez, de cuarenta años, casado, con cinco hijos, parado, con barba de una semana, con cara antipática…

Mi querido Lorenzo, es maravilloso ver a esta espléndida promoción pensar y actuar así. Es algo nuevo. No tengas miedo al futuro. Mejor dicho, sí, ten un poco de miedo, ten complejo de inferioridad delante de Dios; pero agárrate a la fe y a la esperanza. La fe es oscura, y al aumentar en luz crece también en tenebrosidad. Siempre la paradoja…

En fin, Lorenzo, basta ya de rollos…

No sé quiénes son tus compañeros. Salúdalos cordialísimamente de mi parte».

Al final del cuarto curso de Teología, el 28 de mayo de 1961, recibimos el ministerio del servicio —el diaconado—, en la capilla del seminario, de manos del obispo coadjutor, don Emilio Benavent.

El *Ideal en Málaga*, en su página dieciocho, dejó constancia de la ordenación con una foto y los nombres de los nuevos diáconos.

Una rica experiencia

En 1951 había terminado el segundo curso en el seminario. Era septiembre y don Amalio me invitó a acompañarle: había dado unas charlas al personal que vivía y trabajaba en un cortijo de la vega de Antequera e iba a concluir aquellos actos con la celebración de la Santa Misa (las misas se celebraban solo por la mañana). Así, que a las siete y media, en la puerta de la refinería, me recogió en su montesa. Y, tras varios kilómetros en la moto, con un frío que pelaba, asistí, por primera vez, a una misa al aire libre en el patio de un cortijo. La cercanía de don Amalio con aquel grupo de mujeres y hombres me admiró. Al concluir la eucaristía vi que escribía algo en un cuadernillo y le pregunté. Él me dijo: «La inmensa mayoría de las personas del mundo rural no podrán salir del analfabetismo. Se lo he comunicado a don Ángel y me ha pedido que le envíe unas fichas con los núcleos de población, el número de habitantes y la necesidad de escuela y de atención espiritual que reciben. Es lo que estoy anotando. Al final del verano le enviaré las fichas».

Años después le recordé aquellas anotaciones y me dijo que quizá pudieron ser la semilla que llevó a don Ángel Herrera a crear más de doscientas escuelas rurales en los campos de la Diócesis de Málaga.

La labor que realizaron aquellos maestros —en su mayoría maestras— fue admirable. Una de sus primeras alumnas, y después maestra rural, Elvira Bravo, decía: «Las escuelas rurales son lo mejor que se ha hecho en Málaga. Al ver el bien que hacía la profesora, me di cuenta de que, si no llega a ser por ella, no habríamos salido nunca de ser analfabetos, de no saber nada. Las escuelas rurales fueron lo mejor de todo para nosotros. Quería ser igual que mi maestra y enseñar a gente que no sabía».

Mas como don Ángel Herrera quería que los futuros sacerdotes tuviesen conciencia de aquella gran labor, los seminaristas de los cuatro últimos cursos, pasábamos los meses de agosto en dichas escuelas rurales. En el seminario nos tomamos tan en serio esta experiencia que, con la ayuda de don Antonio López, el rector, llegamos a editar un pequeño libro (ciento dieciséis páginas) al que llamamos: Devocionario del campesino. También copiamos a ciclostil una serie de folios con paremias y chistes, ya que las reuniones con los campesinos, además de unos momentos de oración y una charla sobre las verdades cristianas, las concluíamos con un rato de esparcimiento y humor.

La primera escuela-capilla en la que pasé el mes de agosto fue la de Majada Vieja, en los montes de Álora. Muchos años después, nuestro compañero Luis Ramírez Benéytez, colaborador del *Diario SUR*, escribió un artículo en el que recordaba:

«Aún éramos seminaristas, Lorenzo Orellana cuenta de una noche en que, a la luz de la petromax, anunciábamos al corro de lugareños de Majada Vieja la resurrección de Jesús, no sé si nuestra primera vez y puede que la primera vez que ellos lo oían en un anuncio tan directo. Lorenzo dice que allí había más, mucho más...».

Y es que allí se intentaba vivir la recreación.

En los dos últimos cursos del seminario me enviaron a la escuela rural de la barriada Ortiz Recio, vulgarmente: la Pelusa, junto a Bobadilla Estación, donde Adrián Troncoso y yo pasamos los meses de agosto de 1960 y 1961. El último año yo era diácono y se nos unió Miguel Ángel, seminarista de Soria. Juntos visitamos a los habitantes de la Pelusa y a cuantos vivían en los cortijos que había hasta Bobadilla Pueblo...

Pero en la Pelusa también vivían trabajadores de la Renfe. Y una noche, movidos por nuestro celo, fuimos a la estación para conocer a los que trabajaban en las maniobras del tren. Llegamos y encontramos dos ferroviarios junto a los raíles: uno mecía un farol de luz amarilla, sin apartar los ojos de la locomotora que se aproximaba, el otro esperaba. El del farol ralentizaba los movimientos y la máquina disminuía su velocidad. Tan lentamente llegaron a moverse el farol y la locomotora que, cuando la luz amarilla cambió a rojo incandescente, la máquina se detuvo en seco junto al vagón que esperaba. Y, en ese instante, el segundo ferroviario se introdujo bajo los topes de la locomotora, y el vagón los unió y salió de la vía. El hombre del farol inició de nuevo el vaivén con la luz amarilla y la máquina, tras un fuerte pitido, arrancó con dos vagones a cuestas.

Boquiabierto, me encaminé hacia donde estaban los hombres.

—¡Buenas noches! —dije.

—¡Buenas noches!

—Es la primera vez que presencio vuestro trabajo.

—¿Y qué? —dijo el más corpulento.

—Que me ha impresionado.

—Porque no tiene que hacerlo —contestó el enganchador.

—Pues me gustaría probar.

E, inmediatamente, me arrepentí, ya que había soltado la más solemne estupidez.

Los hombres me miraron mientras el pitido de otra máquina anunciaba su presencia.

—Esta noche hay trabajo de sobra —dijo el más corpulento mientras balanceaba el farol.

Observé cómo se sincronizaban la máquina y la luz, hasta que la locomotora detuvo sus ruedas antes de besar los topes del vagón. El enganchador se dobló, se introdujo bajo los hierros, los enganchó, salió y mientras se limpiaba las manos con una bayeta se dirigió hacia la locomotora. El maquinista permanecía asomado observando al enganchador:

—Deja que suba el cura —le gritó.

—¿Qué?

—¡Paniagua, que te lleves al cura, a ver si aprende!

—¡De acuerdo!

Yo los miré, pues los tres observaban mi desconcierto. No podía dar marcha atrás, así que me arremangué la sotana, puse un pie en el alto escalón, agarré la barra de hierro que hacía de pasamanos, tiré con todas mis fuerzas y ascendí al primer tramo. Tras otro esfuerzo, alcancé la plataforma de la máquina, y, nada más pisarla, una llamarada me besó el rostro.

—Es nuestra bienvenida —dijo el maquinista sonriendo.

—¡Ah! —exclamé, aireando con la mano el ardor de mi cara.

—¿Por qué quiere aprender? —preguntó el fogonero.

—Quizá porque siento como míos vuestros trabajos.

—¡Paniagua, no estaría mal que tuviésemos un cura ferroviario!

—Fíjese en lo que hago —dijo el maquinista—: primero tiro de la cadena (y la máquina lanzó un pitido); quito el freno (movió una palanca); cambio la marcha (giró un mando); abro muy lentamente el acelerador (y la máquina resolló, se estiró y arrancó).

—Esto no es difícil, añadió.

—No —replicó el fogonero— es pesado, sobre todo para mí…

Y tras decir eso, se aproximó al ténder, clavó la pala en el carbón, la sacó medio llena y la arrojó por la boca del horno. Me miró y cerró el guardallamas.

La máquina cambió de vía, dejó los vagones, pasó por un cambio de agujas y de nuevo en la vía principal se detuvo. Antes de arrancar, Paniagua sonrió y dijo:

—Si ha estado atento habrá observado que la palanca del freno es esta, el acelerador este, y esta, la manguera de las marchas.

Le señalé una esfera y exclamó:

—¡Eso es un manómetro, pero no lo quiera saber todo de una vez!

Los miré agradecido, y el fogonero soltó una carcajada. Algo se había roto y comencé a sentirme bien entre aquellos hombres.

—Padre —dijo el maquinista— es hora de arrancar: quite el freno, cambie la marcha y acelere despacio, muy despacio…

A pesar de que me temblaban las piernas, quité el freno, puse la marcha y esperé con la mano sobre el acelerador. Paniagua tiró de la cadena y la máquina emitió su pitido. Yo abrí, poco a poco, el acelerador y vi cómo se animaba la máquina. Tuve un sentimiento de gratitud hacia la locomotora y los maquinistas.

—Reduzca velocidad y obedezca la luz en cuanto la vea —dijo Paniagua.

Asomado a la ventanilla, descubrí la lejana luz amarillenta y procuré aunar la marcha al movimiento de aquel farol. Pensé que no era tan difícil. Todo iba sobre ruedas. Yo miraba el vaivén de la luz amarillenta con la mano en el acelerador, hasta que, de pronto, apareció una hiriente luz roja. El corazón se me precipitó y, a toda prisa, quité la velocidad y tiré del freno con todas mis fuerzas. La locomotora comenzó a chirriar con descaro… Y cuando más estiraba el cuello y miraba sin saber qué hacer, volvió el vaivén de la luz amarilla. Nervioso y confuso miré al maquinista, alcé los brazos y pregunté:

—¿Qué ha pasado?

—Que le han mandado un aviso —contestó Paniagua—. Han observado que la máquina no avanzaba con la suavidad indicada y han preferido no aventurarse.

—Más de uno pagó cara su confianza. Así, que le han pedido que sea prudente —añadió el fogonero.

Yo sudaba. Entregué el mando al maquinista y a partir de aquella noche: los maquinistas, el guardagujas y los ferroviarios cuando me veían ponían cara de complicidad…

Las experiencias que vivimos en las escuelas rurales dejaron en nosotros un sabor inolvidable. Fue un bautismo que nos inició en el camino de la acogida… E intuí que la escucha y la acogida podrían conformar el «octavo sacramento» de la Iglesia.

Mi etapa de formación estaba concluyendo. A los seminarios de aquel tiempo tendríamos que hacerles un monumento de gratitud, ya que no solo formaron sacerdotes, sino que fueron puerta y campo para que una ingente multitud de jóvenes pudieran abrirse al mundo de los estudios. Acontecía que muchos párrocos, cuando veían en los pueblos a un chaval piadoso y con capacidad, lo enviaban al seminario. Llegaban desde los más diversos lugares. Y cuando después de unos años descubrían que aquel no era su sitio lo abandonaban, pero los estudios recibidos les abrían puertas para nuevos conocimientos y carreras que de otra manera no habrían iniciado…

Lo cierto es que tras doce años de formación, se me abrió otra etapa.

SEGUNDA ETAPA

Sacerdos in aeternum

El curso 1961-1962 lo pasamos en la residencia del obispado, donde recibíamos clases de pastoral y ayudábamos en las parroquias.

Cuando supimos la fecha de nuestra ordenación, encargamos unas estampas con el lema de nuestro sacerdocio. A mí, hacía tiempo que me atraía la frase de Pablo a los Efesios (4,15): «Realizando la verdad en el amor, hagamos crecer todas las cosas en él, que es la cabeza, Cristo». Así, que puse como lema de mi vida sacerdotal: *Veritatem facientes in charitate.* Y el 23 de diciembre de 1961, tras los ejercicios espirituales que nos dirigió don Francisco Parrilla, diez diáconos de la diócesis y uno venido de fuera, recibimos el sacramento de manos de don Emilio Benavent en la parroquia de Santo Domingo.

Y allí, cuando llegó el momento de tendernos en el frío suelo del templo, pensé que mi vida estaba renaciendo y dije con María: *fiat.* Ya que, si ella fue la única salvada desde su origen, yo, desde mi inicio sacerdotal, ponía mi vida bajo su amparo.

El periódico *IDEAL en Málaga* dejó constancia con dos fotos y un recuadro que decía:

> *En la parroquia de Santo Domingo, a las nueve de la mañana del 23 de diciembre, el Excmo. y Rvdmo. don*

Emilio Benavent Escuín, obispo coadjutor de Málaga, confirió el sacerdocio a los señores: don Fernando Bravo, don José Carretero, don Francisco Domínguez, don Alfonso García, don Rafael Guerrero, don Luciano Luque, don Juan Morales, don Lorenzo Orellana, don Francisco Ruiz, don Honorio Salido y don Rafael Lara.[3] Finalmente, todos los presentes besaron las manos consagradas de los nuevos sacerdotes, mientras se cantaba el Te Deum.

Al día siguiente, víspera de Navidad, celebré mi primera misa —la misa del gallo— en la escuela rural de la barriada Ortiz Recio, Bobadilla Estación. Luis Morente me acompañó. Cenamos con el párroco, don Emilio, y tras la cena partimos a pie hacia la escuela-capilla. No habíamos andado cuarenta metros cuando comenzó a caer un fuerte aguacero. Los dos echamos a correr. Y cuando más arreciaba la lluvia, Luis gritó:

—¡Qué noche de bodas, Lorenzo!

—¡Aviso de Dios para que no la olvide! —vociferé.

Aquella noche confesé por vez primera a varias personas. Él nació en un portal y yo estrenaba mi sacerdocio en una capilla rural. Él se puso en nuestras manos y yo en las suyas. Contemplé la imagen del Niño Dios y al grupito de personas que nos acompañaban y me dije: «Tú estás aquí, Señor, que yo sepa estar por donde tú me lleves».

Al día siguiente, en la gran nave de la fábrica TIA (Tratado Integral Armand, para la limpieza de las calderas a vapor)

---

[3]   Rafael Lara vino a ordenarse de otra diócesis.

de Bobadilla Estación, en un altar y mesa improvisados con puertas de vagones, celebré la eucaristía en presencia de trabajadores del campo, de la fábrica y de Renfe. Me acompañaba mi familia y vecinos de la Pelusa, además de don José Mª González Ruiz, el hermanito Juan, Adrián Troncoso y Mauricio Santos…

Y el 27, con toda solemnidad y la participación de la *Schola Cantorum* del seminario, dirigida por don Manuel Gámez, canté mi primera misa solemne en la capilla del colegio San Francisco Javier-La Salle, Antequera.

Pasada la Navidad, seguimos recibiendo clases de pastoral en la residencia y ayudando en las parroquias, yo en la de Santo Domingo, donde los sábados y las fiestas celebraba la eucaristía, confesaba y me reunía con los jóvenes.

Un día, el párroco me pidió que fuese al Corralón del Barco, en pleno Perchel, número doce, pues una enferma necesitaba el último sacramento. Cogí el *Ritual de Unción de Enfermos*, el estuche con el *oleum infirmorum,* y salí. La puerta del Corralón se abría a un patio alargado. Pregunté y me señalaron una escalera. La subí y me llevó a un pasillo que circundaba el patio y al que se abrían las puertas de los pisos. Me asomé a su barandilla y vi que el perímetro del patio enlozado recordaba la cubierta de un barco. «Con razón te pusieron Corralón del Barco!» —dije—. Y mientras buscaba el número doce, aparecían señoras al dintel de sus puertas, me miraban y sonreían con desparpajo. Encontré la que buscaba, me detuve y pegué. Una voz tenue dijo:

—¡Adelante!

Empujé... Y tras la puerta había una cama con la anciana. Miré a la enferma y ella me contempló. Le sonreí y todo transcurrió con la sencillez de un pequeño encuentro, hasta que la anciana dijo:

—Y usted, tan joven, ¿por qué se ha metido a cura?

Le dirigí mi mejor sonrisa y dije: —Abuela, me he metido a cura porque hay personas que están solas y he pensado que debía estar dispuesto a acudir siempre que me necesitasen.

A la anciana se le saltaron las lágrimas y respondió:

—¿Le doy un beso, como si fuese mi nieto?

—¡Cómo no!

Y me pidió el sacramento...

—Abuela —le expliqué— es la primera vez que administro este sacramento, en el que pedimos a Dios que la ayude en su enfermedad. Así que hoy, gracias a usted, voy a ser un poco más cura.

Y la abuela me contempló con un rostro cargado de luz.

Mi primer verano de sacerdote

A finales de julio me enviaron a Benarrabá, Serranía de Ronda, para sustituir al párroco en las vacaciones del verano. Marché en tren hasta Ronda. Tomé el autobús de los pueblos de la Serranía: era la primera vez que ascendía por aquellas altitudes. Cuando el coche de línea se detuvo, el conductor me dijo: «Se encuentra usted a ciento cincuenta y siete kilómetros de Málaga y a treinta y siete de Ronda». «Gracias», le dije y me dirigí a la iglesia parroquial de San Sebastián, erigida en el siglo XVIII. Contemplé su espadaña, entré y vi las tres naves separadas por arcos de medio punto. Me detuve ante la capilla mayor, decorada con yeserías sobre la Asunción y el martirio de San Sebastián. Me arrodillé ante el sagrario y supliqué por Benarrabá y todos sus habitantes.

Allí conocí a Felipe, el caballo y medio de locomoción del párroco que atendía los pueblos de Benarrabá y Genalguacil. Pueblos que se asientan en las laderas del río Genal.[4] Desplazarse de un lugar a otro suponía descender hasta el río, atravesarlo sin puente y ascender por la ladera opuesta hasta el pueblo vecino.

A los dos días de mi llegada recibí un aviso para ir a Genalguacil. Las autoridades provinciales estaban a punto

---

[4] El río Genal tiene su nacimiento en Igualeja y recorre 45 kilómetros hasta desembocar en el Guadiaro.

de llegar: se iba a inaugurar la nueva carretera y urgía la presencia del sacerdote para bendecirla. Me apresuré. Me habían recomendado que el descenso lo hiciese a pie, «pues el animal tiene sus años y le fallan las patas delanteras», y así lo hice. Bajé andando al paso de Felipe, y, antes de montarlo, contemplé el río y le agradecí que mantuviese las laderas pobladas de alcornoques, encinas, pinos y densos matorrales. Monté y admiré cómo sorteaba el caballo las piedras y atravesaba la corriente de agua. Llegamos a la otra orilla, acaricié el cuello del animal y me llevó por la empinada cuesta de la ladera izquierda hasta Genalguacil. Y cuando recorríamos la calle central, en un mínimo descenso del terreno, Felipe dio un traspié y salí despedido por encima de su cabeza. Rodé como un ovillo envuelto en la sotana. Cuando me pude detener, medio aturdido, descubrí desde el suelo unas piernas de mujeres que se acercaban corriendo y preguntando: «¿Cómo está? ¿Se ha hecho daño?» Me incorporé como pude e intenté disimular, pues no se debía empañar la fiesta de la inauguración de su carretera.

En Benarrabá recibí, de don Manuel González Ruiz, a quien había felicitado por el veinticinco aniversario de su ordenación sacerdotal, el 11-7-1962, la siguiente carta:

Málaga, 31 julio 1962
Reverendo don Lorenzo Orellana Hurtado Pbro.
Benarrabá

Muy querido Lorenzo:
Gracias por tu felicitación. Y porque me has escrito no una cartita de protocolo, sino las impresiones de tus primeras vivencias sacerdotales. Y también, porque me has escrito como si fuese un «compañero». ¿No lo soy? Además, así me siento rejuvenecido. Porque los chicos seglares cuando hablan de bodas es porque son jóvenes; y cuando los sacerdotes hablamos de bodas… Señal de que somos viejos, al menos cincuentones.

¡Qué difícil es ser realistas en los años de la juventud y dentro del seminario! Creo que no es muy factible hacer más realistas a los seminaristas. Por necesidad de su vida recluida y dedicada al estudio han de conocer el mundo y los hombres a través de experiencias ajenas y de descripciones de otros, que no siempre son captadas con un sentido objetivo pleno.

No obstante, creo que algo podría mejorar esa formación en orden a un sentido más real y un conocimiento del hombre más objetivo y de sus realidades concretas.

Claro que merece la pena ser cura. Nunca me arrepentí de haberlo sido y ahora desde esta cumbre de los veinticinco años, agradezco al Señor enormemente el que haya querido escogerme para el sacerdocio.

Bueno, te dejo, porque no tengo más tiempo.

Rezo por ti para que seas cada día mejor, más sacerdote. Adiós. Un abrazo monumental de tu compañero. Firmado: Magón

Superior en el seminario menor

En septiembre volví al seminario: me habían nombrado superior, es decir, formador y profesor del mismo. Era mi primer destino y recuerdo que al Sr. obispo auxiliar le dije que no estaba preparado para semejante cargo. Él me dijo: «Pues prepárate».

Y allí estaba yo, dispuesto a prepararme.

En el seminario permanecí cuatro cursos. Continué cultivando la amistad con quienes habían sido mis profesores. Una tarde visité a Enrique Molina, con el que mantuve correspondencia, y, entre otras, conservo esta carta:

18, octubre, 1962

Querido Lorenzo:

Te mando tres sonetos del libro en marcha Sonetos del Pecador. *Como ves, son sonetos sonetísimos, para lección de vanguardistas y de antivanguardistas. En cuanto al contenido… Tú juzgarás. Claro está que quieren ser cristianos y hasta superortodoxos, creo que no dejan de ser ni una cosa ni otra, a despecho de los que ignoran (o les conviene) que en pecado nos concibieron, que «pecamos, luego existimos» y que el más justo… Peca setenta y siete veces cada día. En el pecado veo yo, por una parte, la responsabilidad y la libertad (garantías del hombre) y, por otra, la ley y el perdón (es decir, orden y misericordia: atri-butos de Dios en los que estamos mientras dura «esto»).*[5]

También me carteé con don José María González Ruiz, quien, en 1962, me envió desde Roma lo siguiente:

Mi querido Lorenzo:
Remitida desde Madrid recibo una carta tuya sin fecha, pero que supongo que es reciente. Ya hace diez días que estoy aquí, empapándome de esta cosa tan interesante que se llama Concilio Vaticano II, y que creo que es uno de los acontecimientos más sobresalientes en la historia de la Iglesia. [...]
Me alegro mucho de que las cosas se hayan puesto de manera para que yo estuviera aquí en Roma estos días históricos.
Me gusta mucho lo que me dices: «la Iglesia no es un tren que nos arrastra, es un carro en el que todos tenemos que empujar». El Papa lo acaba de decir, estos días con su colorido campesino, a los obispos españoles: «No penséis

---

[5]   En un folio me envió los tres sonetos. El primero arranca así:

SOPLASTE, oh, Dios, el día que te vino
en amor, y aquí está tu criatura:
soplo de amor que todavía dura,
chispa de ajena luz hecha destino.

Y en *La señal que nos valga,* libro que recoge su obra poética desde 1952 a 1990, se encuentran los tres sonetos. En la página 108, «Señor, si ahora me quitas la tristeza»; en la 111, «SOPLASTE, oh, Dios, el día que te vino»; y en la 127, «Hemos entrado donde no sabemos». Tres sonetos sonetísimos, como dice el mismo Enrique.

que el Concilio es como un convento de monjas, en el que estas van como borreguitas detrás de la madre superiora». Y esta mañana en Propaganda Fide: «No es nada extraño que en el Concilio haya opiniones distintas. La Iglesia debe respetar al máximo la libertad de expresión».

Estoy totalmente de acuerdo en tu insistente idea de que las estructuras hay que cambiarlas desde dentro. Hay que aguantarse con lo que hay, y no buscar evasiones utópicas. [...]

Sin embargo, no hemos de ser tan pelagianos que creamos que nuestra actuación —aunque pura en el fondo— no se va a contaminar de mil adherencias, como la chismografía, el narcisismo, el masoquismo espiritual, el fariseísmo de izquierdas, etc. Pero esto no nos debe desanimar. Un examen humilde y sincero nos dará la pauta de nuestra realidad contingente, pero no nos debe desanimar. La oración consiste en relajar los músculos del espíritu para que la Gracia entre a su amor por todos los poros de nuestra intimidad.

Me encanta lo que me dices de tu intento de diálogo con los chicos. El diálogo tiene unos riesgos tremendos. Es uno de los actos cumbres del amor al prójimo. Quizás lo más «peligroso» en el diálogo sea el riesgo de la «rotundidad de la perfección». Tienes que arriesgar el mito de tu perfección. Tienes que estar dispuesto a dejarte enriquecer realmente por aquellos con quienes dialogas. Pero no tengas miedo. No te puedes imaginar lo delicioso que resulta al final ese enriquecimiento que viene de fuera o de abajo...

Del Concilio tendría que decirte muchas cosas. La semana pasada ha sido la cumbre: la discusión del esquema de fontibus revelationis. *[...]*

Créeme, Lorenzo, estoy optimista, aunque no me puedo olvidar de todo eso de por ahí, saluda a todos los amigos. Un abrazo «ecuménico» de tu afmo. Firmado: José María.

En este tiempo vivíamos ilusionados con la celebración del Concilio Vaticano II. Los superiores del seminario nos bebíamos toda la información que llegaba.

También me alegraron las visitas que me hacían los compañeros y los sacerdotes amigos. Conservo una carta de Rafael Gómez Marín —en esos momentos párroco de Comares— en la que, tras decirme lo que le satisfizo la visita al seminario, concluye:

Crear para no trocar nuestro ideal es fundamental. Y reforzarnos unos a otros en esa misma comunión de oraciones. Pero, ojo, que la oración, solapadamente, puede convertirse en un regalo egoísta de que los demás sean como yo. Hay que reconocer errores. A los pies de la Virgen: «ruega por nosotros, pecadores».

Rafael

El año siguiente, Enrique Molina me envió una nueva carta que trasluce su gran capacidad de crítico literario:

4 junio 1963

Querido Lorenzo:
Te mando los libros de Otero. Los míos los tengo prestados y si te digo que espero recobrarlos puede pasar mucho tiempo y puedes tú creerte que la demora es interesada o negligente…
No sé qué te ocurrirá con los versos de Blas Otero. Pueden deslumbrarte o pueden decepcionarte. Lo más probable es que primero pases por el deslumbramiento y después por la decepción. Voy a explicarme.
Hay una cosa evidentemente fulgurante en estos versos que te mando, y es su retórica. Retórica muy celtibérica, de mucha raíz, muy en deuda con Quevedo, y en la que, en última instancia, en lectura número ene, se acaba descubriendo el ripio impresionante, puntiagudo y sumamente ingenioso. Esto del ingenio es muy español también. La mayor parte de nuestra poesía es puro ingenio, es decir, producto intelectual de valor muy secundario, suministrado por la imaginación, por la memoria y por la mera voluntad de sorprender. Si por algo creo que, en bloque, la poesía inglesa es la más «alta» de todas, es porque carece casi en absoluto de ingenio, porque es simple fluir de concepciones muy cabales con las que no se pretende sorprender, sino manifestar.
Pues bien, en estos libros de Otero verás mucho «rasgo» de ingenio, de un ingenio tremebundo, engarzado en una retórica restallante que, sinceramente, hiere en su

primer contacto e impresiona. Luego se desinfla y descubre los reveses, el detrás del «hallazgo» afortunado. Como si la poesía fuera el «hallazgo» cuando la verdad es que, en los mejores casos, solamente es magnitud absoluta, ciencia cierta que se consigue trasladar entera sin ponerle nada en el camino del corazón al papel. Pero pocos (y menos los españoles, y menos los actuales) resisten a la tentación de colgarle cintitas de colores que «descubren» en el camino y recogen envanecidos, pensando cuánto les van a alabar los moños, los lacitos y los flecos. Yo te confieso que cuando en la redacción de un poema me entra alegría de lo bien «que me va saliendo», me horroriza pensar cuánto y cómo me va a decepcionar luego, cuando los lacitos se mustien y se queden en lo que son: añadidos «encontrados», no concepciones trasmitidas.

La decepción te vendrá, posiblemente, cuando juzgues estos versos como poesía religiosa. ¿Qué tienen de religiosos? Habría que recordar, ante todo, aquello de que «no todo el que dice: Señor, Señor». Pero voy más lejos. Suele impresionar este tipo de imprecaciones, con una impresión en la que predomina el asombro batueco por lo que este señor se «ha atrevido a decir». Yo soy el primero que pienso que lo religioso, y más exactamente en lo cristiano, es esencialmente «agonía», pelea interior con el ángel, diálogo terco con Dios, del que no están excluidas las destemplanzas y hasta los malos modos. Pienso también que la poesía religiosa no debe, no puede ser poesía de soluciones, de resultados, sino evidencia de la personalísima dialéctica trascendental, recogida en cuanto fenómeno. Es decir, una fotografía al magnesio, del Buen Pastor cuando da la vida por su oveja. Fulano. Por ejemplo, la penitencia es poética en cuanto evidencia la acción de la Gracia, no en cuanto es desembocadura de la Gracia. En este último sentido, la poesía religiosa no sería humana, sino bienaventurada realidad más allá de lo terrenal en que nos movemos mientras estamos vivos (es decir, vivos «de los de aquí»).

Pues bien, aun admitiendo (es más: partiendo de eso) que la poesía religiosa sea dialéctica existencial con Dios, creo que a la poesía de Otero —como a la de tantos gritadores profesionales de hoy— le falta un elemento fundamental: la humildad. Hay que discutir con Dios, entre otras cosas, porque no le entendemos con nuestra menguada razón. Hay, incluso, que descomedirse y levantar la voz, como con frecuencia la levantamos cuando chocamos con aquellos a quienes amamos. Pero siempre reconociendo que tiene derecho a hacer lo que hace y concibiendo —por la fe— que hace bien, aunque tarde en explicarnos por qué o interrumpa la discusión con un manotazo que nos deje ensordecidos y tundidos.

Entonces, ¿qué es de tanta poesía imprecatoria, rebelde, insumisa, pero en apariencia tan llena de Dios, tan obsesionada con Él, tan «testimonial» de su presencia y, ay, de su potencia? Yo diría que es poesía satánica. Ya sabes que no soy gazmoño y que estos adjetivos no los prodigo tan caritativamente como cualquier buen fraile misionero.

Me parece satánica por lo que tiene de certificación de «el revés del ser», por su constancia espeluznantemente fría de la realidad de Dios en cuanto que se espeja en el vacío del mal. Y, sobre todo, por su atroz falta de caridad. Es decir, por su falta de amor. Y, ¡claro!, al carecer de amor, carece igual y fatalmente de humildad, esa humildad sin la que, en suma aceptación, reconocemos «el sentido de lo divino» y vemos «esta cara» de Dios, la cara que salva y que confiere al hombre su dignidad.

Poesía, por tanto, de pura soberbia, poesía satánica. El pecado de Satán fue el de la soberbia, el de preguntar sin aceptar previa y humildemente la respuesta, el de pretender, con la mitad de ser que descubre en la sombra, levantarse hasta Dios con energía tomada de Él, robada a Él, una auténtica malversación del ser.

El valor religioso de tal poesía es, pues, negativo. Es el «negativo» de esa fotografía al magnesio de que te hablaba antes. Puede ser, si interviene la Gracia, un estadio prerreligioso. Pero si a tal negatividad se añade la ganga de la retórica, es decir, la insinceridad radical, los caminos de Dios parecen negados. Ah, entonces queda escaparse por el comunismo por la poesía social, por el esteticismo, por el objetivismo mágico... Los nombres de la falacia son infinitos. Y los ejemplillos abundan lo suficientemente como para que no te los tenga que recordar.

No juzgo al hombre Blas de Otero, cuya alma depende exclusivamente de Dios. Ni me escandalizo por las salidas de tono de sus versos. Cosas más graves y culpables hacen y dicen, con gesto suave y voz meliflua, muchos señores adornados con las cintas cándidas de las archicofradías de la probidad. Pero, como aprendiz de poeta y de cristiano, me rebelo contra la entronización de esos tonos desmañados que quieren sentar plaza de «documento del hombre de nuestro tiempo». ¡Nuestro tiempo! ¡Como si antes no hubiese habido diez plagas en Egipto y llamas en Sodoma y Gomorra y turcos a las puertas de Viena y niños de diez años trabajando en las minas de carbón inglesas!

Espero tus letras. Te despediré con un verso estupendo de Eduardo Carranza: «salvo mi corazón, todo está bien».

Un abrazo.

Enrique

Desde luego, mi primera labor en el seminario fue acompañar a los jóvenes para que discernieran su vocación, mientras fortalecían su cuerpo y su capacidad de estudio, alegría, fe y disponibilidad para servir al Señor y a los hermanos… No se me había olvidado la pregunta que don Manuel González Ruiz me había apuntado en su carta: «¡Qué difícil es ser realistas en los años de la juventud y dentro del seminario…!».

Palabras que me llevaron a preguntarme: «¿Cómo podré ayudar a estos muchachos para que obtengan un mejor conocimiento de la realidad»? Y pensé que a mí me habían ayudado los buenos libros de prosa y poesía. Y comencé a leerles algo de Ernest Hemingway, William Saroyan, Tagore, Pérez Lozano, Martín Descalzo, Dámaso Alonso, etc.

También me carteé con ellos en las vacaciones. Conservo algunas de aquellas cartas. Vean esta:

Villanueva del Rosario, 18 –9-63
Reverendo Lorenzo Orellana
Málaga

Querido superior:
Ya no podían pasarse más días sin escribirle, por lo menos por pura norma de «agradecimiento», que, aunque así por encima, parezca que no le estoy agradecido, el interior es otro, usted dice que nos conoce y supongo que me conocerá a mí también.
Aquí sigo haciendo lo que puedo por llegar, cada vez, a más intimidad con el Señor. Sin embargo, puede comprender que es difícil, humanamente hablando, mi vida. Ya sabe: tengo que hacer la oración sin Sagrario, en seco podríamos decir. Nada de misa ni comunión diaria y, además, sin tener ni un amigo por aquí y muchísimo menos con mis ideales de seminarista. Todo hay que verlo con un gran espíritu de fe y pensando en que el Señor está dentro y, por tanto, siempre adelante. Pero sí, es difícil. La misa solo de domingo a domingo, eso debilita y demuestra la necesidad de Dios y la fragilidad humana. En fin, digamos con Tagore: «si lloras por haber perdido el sol, las lágrimas no te permitirán ver las estrellas». Ahora: eso sí, cada día estoy más contento de haber seguido al Señor, cada día me parece más maravilloso y más amigo. Ni yo

mismo sé cómo me llevó al seminario y, gracias a él, allí estoy, preparándome para entregarme a las almas y saltar de amor, aunque cueste.

Ha estado aquí Gaona dos días, lo hemos pasado muy bien, por lo menos yo. Se ha ido admirado de la sencillez de estas gentes. Desde luego que es admirable, a cualquier casa que se llegue hay que verlos a todos y tomar algo.

Me puse a escribir esta carta de sopetón, y puede ver cómo me está saliendo, fatal.

Según me han informado —el servicio secreto pronoticias— está de superior con tercero y cuarto. Todos nosotros queríamos eso, ahora que es un jarrazo de agua estar con otro curso, sí, la verdad. Claro que ya nos conoceremos y seremos buenos amigos […].

He escrito catorce cartas y he recibido cinco ¡un verdadero cachondeo! Dos de las recibidas son de otro curso.

Este año voy dispuesto a conocerlos a todos y a ayudarles en todo lo que pueda. Luego veremos la realidad. Por lo menos me esforzaré por hacerlo, y cuente conmigo para lo que necesite.

Me encomiendo a sus oraciones y me tiene a su completa disposición.

Suyo en el Señor.

Antonio Aguilera

Pero durante este tiempo mi responsabilidad, además de las clases, fue, sobre todo, acompañar y ayudar a aquellos jóvenes. No pocos de ellos fueron descubriendo que su camino no era el sacerdocio y dejaron el seminario, cosa normal.

Sin embargo, bastante tiempo después, cuando no me lo podía imaginar, supe que aquel trabajo había dejado una huella agradecida en casi todos. Hoy son extraordinarios ciudadanos que conservan su bonhomía y el recuerdo de aquellas andanzas.

Por eso, encontrarme con ellos, cuando la vida declina, ha sido uno de los grandes regalos que un sacerdote puede recibir. Copio, lo que José Morales García publicó en Facebook —¡qué buen escritor!— no hace tanto:

12 de mayo, viernes. Una llamada de teléfono:

—Dame tu dirección postal que te voy a enviar mi último libro.

Le dije que no, que me acercaría a Antequera y que así podríamos echar un rato. Esta semana no puedo, le contesté; la que viene.

—De acuerdo, pero avísame antes.

Caía la tarde. El sol casi traspuesto. Paseamos por un jardín de delicias. Recuerdos, un paso pausado sobre aquel otro tiempo en el que uno era flor de invernadero. Me recordó algo que yo había olvidado:

—Un día te acercaste (tú no eras de los que se me acercaban.) En la mirada supe que venías a decirme algo. Habíamos terminado de leer La comedia humana, de William Saroyan: «Algún día, me dijiste, me gustaría escribir como ese hombre». Y supe en aquel momento cuál era tu vocación.

Hoy tengo que hablar de su libro. Lorenzo Orellana bajo el seudónimo de don Claudio ha abierto algunas hojas de su vida. El paso por Venezuela (seis años en la diócesis de Cumaná), la excusa. Páginas de una religiosidad impresionante. Invita a la meditación, a ese tú a tú, en las preguntas sin respuestas aparentes. Dios aguarda al otro lado del camino, en gente, en templo, en el Sagrario. Es la respuesta en silencio…

De camino, una lección de Geografía: Aricagua, Manzanares, Cumanacoa; de gastronomía: caraotas negras con plátano frito, arepita, un negrito…; de botánica: samán, chaguaramos, araguaneyes, o el flamboyán con sus flores rojas…

Dice de como la lengua se crea: medicatura, cabuyas, ture, ensopado, puchar, pícher, catire, alguito, cocollar, baharaque, guayates, morrocotes… Habla de gente, del problema social de la injusticia, de la guerrilla, de la historia de la Iglesia de Venezuela.

A medida que me adentraba en la lectura, he creído encontrarme con Bernanos (Diario de un cura rural) cuando el negociante justifica la usura porque él no se considera un ladrón y busca su propio beneficio; con Tagore en la poseía de los bosques; con Hemingway (El viejo y el mar) en el muchacho que a pesar de su dolor tenía la madurez del hombre; en la soledad de la duda, con Martín Descalzo (Un cura se confiesa) o en el retrato de la vida, de William Saroyan (La comedia humana) con Homero Macauley, en este caso postrado en cama por la enfermedad y la pobreza y donde Ítaca está en el trópico venezolano.

Distrito Montes *(Exlibric) no es un libro cualquiera. Induce a pensar, a saber, que, desde la primera página hasta el final (por cierto, sorprendente) uno va por un camino diferente.*

A lo que respondí:

—Amigo Pepe, doy gracias a Dios por aquellos alumnos que tuve. Y es que un curilla recién ordenado, ante su primer destino llegó a pensar que era «pan comido», pero tuve que aprender con vuestra paciencia a detenerme en cada uno y descubrir el valor de lo que comunicaba... Vosotros, con vuestras palabras, gestos y deseos, intentabais encontrar la dirección de la vida que estabais fraguando. Por lo que la luz de vuestra búsqueda fue y ha sido un *pondus* en mi vida. Gracias a ti y a todos los que un día fueron tus compañeros.

Protesta del clero catalán

El día 1 de junio de 1966 me encontraba con don Antonio López Benítez repasando las necesidades de los seminaristas y cómo distribuirles el dinero que teníamos para las pensiones. Sonó el teléfono, hice ademán de salir del despacho, y don Antonio indicó que me quedase. Nada más comenzar a hablar (no oía lo que le decían) se le mudó el color y exclamó:

—¡No, yo no sé nada! ¿En ciclostil? Ciertamente no.

—…

—¿Aquí, a máquina? No sé…

—…

—Sí, sí…

—…

—Investigaré.

El problema era que un párroco había llevado a la Curia Diocesana la copia de una carta sobre la manifestación de los curas catalanes en Barcelona. Lo escandaloso del asunto consistía en que aquel folio portaba el sello de la Prefectura de Estudios del Seminario de Málaga.

¿Cómo había ocurrido?

A don Salvador Montes Marmolejo, padre espiritual del Seminario Menor, le enviaron copia de una carta sobre la manifestación de los curas catalanes. Escrito que hablaba del maltrato que infligió la policía a un joven, y de la reacción de unos sacerdotes que decidieron escribir una carta y llevarla a la jefatura de la policía públicamente. Manifestación que iniciaron desde la catedral donde se les agregaron muchos más sacerdotes. Pero al arrancar la marcha les esperaban sesenta agentes que los recibieron a golpe de porras y dispersaron. La prensa del movimiento se encargó de magnificar el suceso, con tal saña que la malquerencia hacia el clero se extendió por todo el territorio nacional…

Don Salvador pensó que aquella carta debían conocerla los curas de Málaga. Escogió dos seminaristas, buscaron folios —bien pocos tenían— y al copiar la carta a máquina, uno de los folios contenía impreso el dichoso sello del seminario. Folio que vino a caer en manos de un cura escandalizable. El órdago estaba en marcha. En el obispado cundió la alarma. Y, ante esto, los padres espirituales y superiores del Seminario Menor dijimos que los ejecutores de aquellas copias habíamos sido nosotros, (los seminaristas no debían aparecer. Los caminos de Dios son solo suyos, hasta el punto que los dos escribientes son dos beneméritos sacerdotes). Y a partir de ahí el señor rector, los padres espirituales del Seminario Menor y yo fuimos enviados a Antequera, donde se nombró a don Antonio López párroco de cuatro parroquias y a nosotros coadjutores de las mismas. Creamos una residencia sacerdotal en la parroquia de San Sebastián, vivimos en comunidad y don Antonio nos repartió las tareas. A mí me tocó atender la parroquia de Santiago, el cementerio municipal y las clases de religión en el instituto Pedro Espinosa, amén de los jóvenes.

Mi parroquia tenía dos imágenes de la Virgen. Y a los pocos días, una señora que visitaba el templo me preguntó:

—Padre, ¿cómo se llaman las dos vírgenes de esta iglesia?

—Señora, Virgen de la Salud una y Virgen del Trabajo la otra.

Y la visitante exclamó admirada:

—¡No me diga! Las dos cosas más importantes para nuestra vida: salud y trabajo…

En Antequera

Como el espíritu que nos animaba era el de trabajar por todos y con todos, vivimos la creación de algo que tuvo su importancia. Llevábamos poco más de un mes en la ciudad cuando don Antonio López invitó a los párrocos y representantes de cada parroquia a un encuentro. Asistimos y el arcipreste expuso la necesidad de crear una Cáritas Interparroquial. Después de algunas aclaraciones necesarias, estuvimos todos de acuerdo. Y el 25 de diciembre de 1966 don Antonio publicó un artículo en *El Sol de Antequera* en el que anunciaba:

> *Se pretende crear una Cáritas permanente, de servicios interparroquiales, para realizar y aunar esfuerzos e ir remediando los casos más urgentes que se vayan presentando.*

El 15 de enero de 1967 don Antonio volvió a escribir en el mismo periódico:

> *Se ha fundado Cáritas Interparroquial de Antequera.*

Y pasadas unas semanas daba cuenta del primer balance económico de Cáritas: «35.062 pesetas de ingresos y 49.685,50 de gastos».

Pronto se descubrió la necesidad de hacer reparaciones en algunas viviendas pobres. Se buscaron unos albañiles que trabajaron muy bien, y se repararon no pocas casas.

Don Salvador Montes y yo reunimos a un grupo numeroso de jóvenes, a quienes atendíamos en la parroquia de San Sebastián. Yo, además de la parroquia y las clases en el instituto Pedro Espinosa, cada viernes celebraba la santa misa en la capilla del cementerio por los difuntos de la semana. Fue una experiencia consoladora para no pocas personas.

Y en Antequera conocí el trabajo de los Padres Capuchinos y de los Trinitarios; la presencia viva de los monasterios de clausura; la gran labor de las Franciscanas de los Sagrados Corazones en la Casa Madre y sus dos colegios, la labor de los Padres Carmelitas con el colegio y las capellanías, El colegio de los Hermanos de la Salle, tan queridos por mí; y visité a dos beneméritos sacerdotes jubilados: don Pedro Pozo, responsable de la capilla de San Isidro Labrador, y don Francisco Pinto, capellán de la residencia de las Hermanitas de los Pobres. También visité el colegio de Aguirre, regentado por los salesianos, en la vega de Antequera.

Todo transcurría demasiado bien, estaba descubriendo el valor de la piedad popular, especialmente por las cofradías; la necesidad de la formación de los seglares; la vitalidad que Cáritas Interparroquial iba tomando; la importancia de los grupos parroquiales; y estando en estas, al inicio del verano de 1967, don Emilio Benavent me llamó. Fui al obispado. Me recibió y exclamó:

—Lorenzo, tres me han dicho que no, tú no me lo digas.

—Le digo que sí, señor obispo, pero ¿de qué se trata?

—Tú conoces el compromiso que tiene don Ángel con la Iglesia en Venezuela...

Y me entró un hormigueo raro. No llevaba un año en mi primera parroquia, le había tomado cariño al barrio, trabajaba a gusto ¿y ahora Venezuela? Don Emilio prosiguió:

—Hemos pensado que lo harás muy bien. Irás con un amigo y compañero.

Solo recuerdo que dije:

—Si es deseo o mandato de mi obispo, digo que sí.

Y salí del despacho diciendo: «Lorenzo, tienes que hacer visible tu capacidad de servicio. Te has hecho servidor de quien no vino a ser servido, sino a servir. Si de verdad deseas vivir como Él, quema las naves, este es el momento». Y sonreí...

Mi amigo y compañero era Antonio Ruiz Olmedo, pero el visado para entrar en Venezuela se hizo esperar. Por lo que hasta el 30 de octubre no pudimos ir al consulado de Venezuela en Madrid y a su servicio médico. Y tras pagar los costos pertinentes se nos entregó un documento que decía:

Aprobado el reconocimiento clínico del estudio radiológico y la vacunación de los aspirantes a entrar en Venezuela. Firmado y sellado el 2 de noviembre de 1967.

TERCERA ETAPA

Venezuela

Nada más regresar de Madrid nos entregaron en el obispado los billetes para el avión. Días después, el 12 de noviembre de 1967, me despedí de mi familia. ¡Ay, mi madre, que me abrazó y se encerró en la cocina para que no la viese llorar!

Aquella tarde, Domínguez Sevillano —mi sucesor en la parroquia de Santiago— nos llevó al seminario de Málaga. Y allí, los que habían sido mis alumnos —ahora con don Alfonso Arjona— nos ofrecieron una pequeña despedida.

A las ocho de la mañana del día siguiente partimos en un vuelo de Iberia hacia Madrid. Aterrizamos y tuvimos que darnos prisa para encontrar la zona internacional donde embarcamos. Eran las diez de la mañana cuando partimos. A los quince minutos de vuelo nos ofrecieron el desayuno y a las dos de la tarde el almuerzo. Ocho horas sobre el Atlántico dieron tiempo para contemplar las nubes que sobrevolábamos, escribir unas postales a la familia y amigos —postales que Iberia regalaba— y esperar… Hasta que el avión comenzó a descender y vi, tras el océano, cómo aparecía la tierra cubierta de árboles lindando con el mar. Los altavoces anunciaron: «Aeropuerto de Maiquetía, Venezuela». Mi reloj marcaba las seis y diez de la tarde. Ocho horas de vuelo. Se abrieron las puertas del *boeing* y esperamos que acercaran las escalerillas. Salí y antes de descender observé que el sol no estaba de acuerdo con mi reloj: caía tan verticalmente, que, a medida que descendía, me sumergía en un mar de calor que me abrazaba las piernas, el vientre, el pecho y cuerpo entero. Me volví buscando a Antonio y lo vi con cara de sorpresa.

—¿Dónde hemos caído? —preguntaba.

Nos dirigieron hacia el interior, y allí, Antonio Rubio nos esperaba. ¡Qué alegría! Tras los trámites de rigor tomamos un taxi y partimos hacia Caracas. La autopista que conducía a la capital —veinticinco kilómetros—, impresionante. A indicación de Antonio, el taxi nos llevó a la casa de las Carmelitas del Sagrado Corazón (las mismas que estaban al frente de la cocina y la enfermería en nuestro seminario). Entramos y un gran reloj de pared marcaba las tres menos cuarto: atrasé mi reloj seis horas, la tarde se hacía interminable. Dimos un breve paseo por los alrededores y me llamó la atención el letrero de una papelera: «No botar papeles».

Al día siguiente, cuando volvimos a Maiquetía para coger el vuelo de Cumaná, llegamos tarde, el avión ya había partido. Antonio Rubio, sin alterarse, sacó billetes para Maturín, donde estaban los sacerdotes malagueños: José Mª Campos Giles, Miguel Ángel Corrales y Amalio Horrillo. Don Miguel Ángel nos recibió en la parroquia de San Simón, y tras la acogida salimos a dar una vuelta por los alrededores. Al cruzar una gran plaza observé que los transeúntes, mientras la atravesaban, se quitaban el sombrero.

—Es por respeto al Libertador. Su estatua aparece sobre un pedestal en el centro de la plaza —nos dijo don Miguel Ángel.

Pernoctamos en San Simón y, al día siguiente, don Francisco Javier Ortiz, sacerdote de nuestra diócesis, se ofreció para trasladarnos en su coche a Cumaná. Admiré la generosa prontitud con la que se ayudaban los malagueños, ya que entre Cumaná y Maturín la distancia es de doscientos kilómetros. Distancia que recorríamos amigablemente hasta que apareció este letrero: «Alcabala móvil».

—¿Qué es? —pregunté.

—Si nos detienen, haced lo que digan.

Y nos detuvieron unas correas de hierro con púas afiladas. Alzamos la cabeza y cuatro soldados, fusil en mano, rodeaban el coche. Nuestro conductor dijo:

—Son padrecitos recién llegados.

—Bueno pues. ¡Salgan! —gritó un soldado.

Salimos. Nos pusieron de cara al coche y nos cachearon. Nos pidieron la documentación y nos dejaron seguir.

Nuestro conductor comentó:

—Estamos atravesando una zona que frecuentan los guerrilleros, eso explica la presencia de la alcabala.

—¡Lorenzo —añadió Antonio— qué cara de guerrillero se te puso mientras te cacheaban!

Esta fue la primera noticia que tuve de las guerrillas en el oriente Venezolano. Cuando alcanzamos Cumaná nuestro conductor exclamó: «¡Primogénita del continente!» Recorrimos algunas calles, pasamos frente a la iglesia de Santa Inés y nos dirigimos al Seminario Menor en las afueras de la ciudad. El seminario estaba regentado por los sacerdotes malagueños: José Pulido, Miguel Rojo, Antonio Rubio y

Manuel González Santiago, allí pasamos unos días. La primera noche, tras la cena, mientras los seminaristas y superiores paseábamos por la explanada, Miguel Rojo me dijo:

—Lorenzo, antes de retirarse a rezar *completas*, los seminaristas se acercan y piden la bendición. Tú le dices a cada uno: «Dios te bendiga, mijo».

—¿Mijo?

—Sí, significa «mi hijo» abreviado.

—¡Ah!

Y a cada joven que se acercaba, yo decía: «Dios te bendiga, mijo». E intuí que aquellas palabras eran una forma sencilla y bella de oración y del mejor de los deseos.

Al día siguiente, don José Pulido nos llevó a visitar a monseñor Mariano José Parra León, obispo de la diócesis, quien se mostró cariñoso y agradecido. Y tras el encuentro visitamos algunas parroquias de la ciudad. Al atardecer se presentó don Manuel Fernández, el sacerdote con quien íbamos a convivir en el Distrito Montes. Nos saludó y mostró la necesidad de regresar pronto para Cumanacoa. Me extrañó, le pregunté y dijo:

—Debo volver antes de que anochezca: los guerrilleros merodean por el Distrito Montes, y como habréis observado la noche cae de golpe en cuanto comienza a atardecer.

El tercer día de estancia en el seminario, don José Pulido buscó tiempo y nos llevó a conocer la diócesis. Llegamos hasta la península de Paria. Hicimos noche en Casanay y me sorprendió encontrar dos templos, casi juntos, uno concluido y el otro abandonado a medio construir. Cuando pregunté, dijeron: «Cosas de la política». Y no entendí nada…

Durante aquellos días permanecí atento a las palabras y giros especiales que iba oyendo. La «encarnación» exige amar el rincón donde se vive, así que, comencé a admirar la belleza natural de aquellas tierras y puse mi atención en el habla. El habla y el lugar se complementan, por lo que fui anotando los modismos que ofrecían los venezolanos en nuestra común lengua.

Por eso, cuando recién levantado oí que me saludaban diciendo:

—¿Cómo amaneció, pues?

Deduje que era su «buenos días». Durante la eucaristía me sorprendió que para arrodillarse dijeran, «¡hínquense!»; y para ponerse en pie, «¡párense!» Por lo que me puse el *pensum* de estar atento a las palabras y giros desconocidos.

Observé que ante una petición nunca responden sí, sino «¡cómo no!» Nadie dice me da vergüenza, sino «me da pena». A quienes molestan o fastidian se les contesta: «no me embrome». Y de quien es bueno se comenta: «es fundamentoso».

Sonreí al escuchar que a los graciosos y burlones se les llama «rocheleros», a los trastos y cachivaches «corotos», al grifo «pluma», a la soga «mecate», a la cuerda pequeña «cabuya», a la manta «cobija», al mono de trabajo «bragas», a los caramelos «pichas», a la propina «ñapa» y al que es fuerte «guapo».

También me hizo gracia saber que a quien se ríe de otro o le toma el pelo, se le pide que «deje de mamar gallo».

Y me extrañó saber que todos se trataban de usted. Escuché que una madre decía a su hijo pequeño: «No me sea usted malcriado».

En fin, comencé a conocer una riqueza que, poco a poco, fui asimilando.

Una de aquellas noches, tras la cena, en la televisión actuaba *Radio rochela*: programa de humor que nadie se perdía, y con los superiores y alumnos nos dispusimos a verlo.

Arrancó el programa con la aparición de dos artistas. Miraron hacia la cámara y, como si nos contemplaran, uno dijo:

—*Radio rochela* lleva diez años en las ondas y el gobierno diez años en el poder. Va siendo hora de que el gobierno pase a las ondas y nosotros ¡al poder!

Todos reían, menos el segundo cómico que respondió impertérrito:

—El que pesta-pierde-ñea.

Y los seminaristas corearon:

—El que pesta-pierde-ñea. —Aumentó la risa.

Antonio Rubio se inclinó y dijo:

—El que pestañea pierde.

Aquella noche sentí alegría ante la libertad de expresión.

Distrito Montes

Tras unos días en el seminario, el padre Manuel Fernández vino a por nosotros para llevarnos a Cumanacoa, y, tras dejar atrás el seminario, dijo:

—Esta carretera que arranca en Cumaná, conduce al Distrito Montes, el nuestro; distrito que se abre en un valle que la carretera recorre de cabo a rabo y asciende a las montañas del Turimiquire, donde nace el río Manzanares. Antes de que lleguemos a Cumanacoa, capital del Distrito, pasaremos por algunos núcleos de población. Ahora miren hacia el río, a nuestra derecha.

Efectivamente, custodiado por cocoteros, palmeras y verdes matorrales, el río se aproximaba al asfalto…Y, tras un buen rato en silencio contemplativo, la carretera se volvió sinuosa. El padre Manuel exclamó:

—Ya entramos en el Distrito Montes. El paraje que estamos atravesando se llama ¡Salsipuedes!

Más adelante advirtió:

—Llegamos al Palenque…Y ese camino de tierra que ven a su izquierda, lleva al poblado de San Fernando.

—¿Palenque? —pregunté.

—Sí.

—Creo que hablando de los discípulos que Jesús envió como luz del mundo, un santo Padre escribió: «El palenque en que se desarrolla su combate es el mundo entero».

—¡Ah, que belleza! —exclamó el padre Manuel.

Pasaron unos kilómetros y comenzaron a multiplicarse las casas:

—Atravesamos Río Arenas —dijo— y cuando las casas se convirtieron en calles. —He aquí el pueblo de Arenas con su ceiba gigante e iglesia colonial, una joya arquitectónica del siglo XVIII a la entrada del valle de Cumanacoa.[6]

En ese instante orillábamos una plaza en la que vi el costado de la iglesia y la grandiosa Ceiba. El corazón me dio un vuelco, pues se me había dicho que esa sería mi parroquia. Después, durante varios kilómetros, solo encontramos tablones de caña de azúcar.

—¿Estamos ante un monocultivo? —preguntó Antonio.

—Sí, aquí tenemos una gran central azucarera.

—¿Cuántos pueblos y caseríos tiene el Distrito?

—Veréis —dijo— hemos dejado atrás Quebrada Seca, El Palenque, San Fernando, Río Arenas, Arenas, y si extendiésemos la vista nos encontraríamos con San Lorenzo, Aricagua, San Juanillo, Caigüire, La Rinconada, Río Caribe, San Salvador y con la capital del distrito: Cumanacoa. La carretera atraviesa la capital y asciende la montaña en busca

---

[6] El constructor de esta iglesia fue don Diego Manuel de Cazadilla y Marta, quien la erigió entre los años 1777 y 1782. Está bajo la advocación de Nuestra Señora de la Candelaria. Contiene una planta rectangular dividida en tres naves. Su fachada principal es sobria y contrasta con las dos torres. Sus portadas laterales contienen una relevante ornamentación en los vanos de acceso que se elevan por encima de la cornisa en la que aparecen figuras de animales autóctonos: perros, caballos y figuras humanas que representan a los indígenas empuñando lanzas.

de los poblados de Cocollar y Las Piedras, para adentrarse en el Estado Monagas, camino de San Antonio de Maturín.

Y recordó a los dos últimos párrocos del Distrito Montes:

—Don Antonio José Ramírez Salaverría, que en estos momentos es obispo de Maturín, y el padre Pedro Roldán, quien tras jubilarse volvió a España y fue aceptado en nuestra diócesis…

En Cumanacoa, acogidos en la vivienda del padre Manuel, los primeros días resultaron ásperos: el calor, las comidas, los desplazamientos, el pueblo y sus costumbres… Llegué a verme como un animal al que se le muda la piel. Pedí al Señor fortaleza para adaptarme. Y como no tenía coche, ni carné de conducir, tuve que andar a pie los cuatro kilómetros que separan Cumanacoa de Arenas. Hasta que aprendí a pedir «una colita» (autostop), que a veces conseguía…

Por eso, pasados unos meses me saqué el carné, y para la adquisición del carrito me ayudó don Amalio: le compró a don Miguel Ángel Corrales un viejo Volkswagen arrinconado, y, como yo no tenía dinero, él me pagó las primeras cuotas que eran de cien bolívares al mes.

Aunque, poco a poco, el realismo mágico de estos lugares, con sus pueblos y caseríos, su fauna, flora y gentes se me fue adentrando. Y conocí la actividad agrícola del valle centrada en el cultivo de la caña de azúcar y el esplendor de los cafetales que crecían montes arriba.

En el templo parroquial, Nuestra Señora de la Candelaria, un jueves mientras celebraba la eucaristía, cuando elevaba el pan en el ofertorio, un colibrí sostenido por la velocidad de sus alas se detuvo a la altura del florero del altar. Introdujo su largo pico en el cáliz de una flor, mientras yo permanecía con la patena elevada contemplando la belleza del animal y la ofrenda del pan en mis manos… «¡Qué ejemplo!», dije. Y mientras esperaba sin bajar los brazos, recordé que necesitan alimentarse con frecuencia y que son asustadizos. Inmóvil me repetí mentalmente:

Como están los ojos de los esclavos,
fijos en las manos de sus señores,
así están nuestros ojos en el Señor,
esperando su misericordia…

Los asistentes permanecían en un silencio visible. Mientras, yo recordaba que las palabras del ofertorio: —fruto de la tierra—, las estaba viviendo aquel pequeño colibrí que se alimentaba —con la ayuda del trabajo de los hombres— en las flores que le habían puesto a su alcance. La estampa parecía un prodigio de equilibrio, belleza y fe. Fueron instantes plenos. Nunca había vivido un ofertorio así… Hasta que, de pronto, como vino se fue. Bajé los brazos y sonreí agradecido.

Al concluir la eucaristía dije a los feligreses:

—La creación pregona la obra de Dios —dice el salmo—, pues sepamos contemplarla. Aquí, por lo que veo, su hermosura es muy abundante. Hoy, en el ofertorio, un colibrí nos ha ofrecido una muestra de esta gran belleza.

Los asistentes sonreían y me miraban…

Misas de aguinaldo

Tras pasar un mes en la parroquia de Nuestra Señora de la Candelaria, se me dijo que antes de la Navidad debía celebrar las misas de aguinaldo.

—¿De aguinaldo?

—Sí, nueve días antes de la Navidad.

—¿A qué hora?

—A las cinco de la mañana, padrecito.

—¿Y asisten personas?

—Usted verá…

Y he aquí que me vi celebrando, a iglesia llena, las misas de aguinaldo a las cinco de la mañana. Unas horas húmedas y frías. Misas que se coronaban con la del Gallo, el 24, a las doce de la noche.

Y en esa, mi primera misa de Nochebuena, en Arenas, estado de Sucre, Dios y el pueblo me hicieron su regalo. Salí de la sacristía, besé el altar, miré hacia la asamblea y sonreí a la pequeña Soraya de tres años que se encontraba en el primer banco con su mamá. Tras el rito de entrada se proclamó la palabra. Y tras el evangelio llevé en procesión la hermosa imagen del Niño Dios hasta el pie del altar, donde habíamos colocado el misterio.

Nada más dejar el Niño, entre María y José, la pequeña Soraya se quedó mirándolo con los ojos muy abiertos. Se levantó. Se separó de su madre. Se quitó la rebeca y se acercó al Niño Dios. Se arrodilló ante él, y, muy despacito, lo fue cubriendo con su prenda… Nadie se movía. La asamblea absorta contemplaba. Y la pequeña, tras abrigar al Niño, se alzó sobre sus tres años, se volteó hacia el pueblo y exclamó:

—¡Tenía frío!

Y fue a sentarse al lado de su mamá.

Una sonrisa de amor afloró en el rostro de todos. Yo debía comenzar la homilía y la arranqué diciendo:

—Hermanos, no olvidemos que este mundo se mantiene en pie por la complicidad de los santos, los poetas y los niños. ¡Por eso, ruego que seamos fieles a los santos. Sobre todo, al santo de los santos, Jesucristo, quien esta noche se nos ha dado hecho niño! ¡Seamos también fieles a los poetas, pues la belleza salvará al mundo! ¡Y permanezcamos fieles a la infancia! ¡Ojalá vosotros, niños, no perdáis nunca la luz de la niñez; ojalá vosotros, jóvenes, no olvidéis el niño que habéis sido; y ojalá nosotros, adultos, conservemos el niño que fuimos!

Miré a la pequeña y dije:

—Soraya, muchas gracias en nombre del Niño Dios y de todos nosotros, esta noche tú has predicado la mejor homilía, así, que ahora adoremos todos en silencio al Niño.

Y tras unos momentos añadí:

—Pensemos en algo que podamos darle a Jesús, para que no pase hambre o frío en los que no tienen comida o abrigo, en los pobres… Y tras unos instantes de silencio, invité a la asamblea a cantar un villancico.

El pueblo se puso en pie y entonó:

Niño lindo, ante ti me rindo.
Niño lindo, eres tú mi Dios…

Los meses siguientes me ayudaron a ir sintiendo, cada vez más, que este era mi sitio.

Antes de julio, primer mes de las lluvias, acontecieron los cambios en la diócesis: don Manuel Fernández fue nombrado párroco de la Santa Iglesia Catedral de Cumaná. Y el Sr. obispo puso al frente del seminario a sacerdotes venezolanos, por lo que el padre Pulido acompañó a don Manuel en la catedral y Antonio Rubio partió para la diócesis de Guanare, donde se uniría a don Amalio, ya que el obispo de aquella diócesis había pedido a Málaga sacerdotes para su seminario. Antonio Olmedo y yo quedamos al frente de todo el Distrito Montes. Tarea en la que, además de las ocupaciones propias del ministerio, sucedieron una serie de acontecimientos que se grabaron con fuerza en mi vida e historia…

Propuesta de traslado

Cuando acababan de nombrarnos responsables de todo el Distrito Montes, me llegó una carta de don Manuel Pineda. Me comunicaba que el Seminario Mayor se trasladaba a Granada, donde vivirían los seminaristas. Y que el grupo de alumnos que componían los cursos de Filosofía, al ser preguntados sobre el superior que les gustaría tener, habían propuesto mi nombre. Por lo que se me invitaba a volver a Málaga e ir a Granada como superior de los muchachos.

Me sentí como si hubiese recibido un mazazo, pues si me iba dejaba solo a Antonio, cuando quedaban años del compromiso firmado con monseñor Mariano José Parra León. Y en esto, llega Antonio, le entrego la carta y a él no le agrada. Era mediodía y, tras el almuerzo, estábamos serios. Cada uno se fue a su habitación para la siesta. Y al rato, medio adormilado, comienzo a sentir un ruido extraño, abro los ojos y noto que la claridad entra en la estancia con más fuerza. Me levanto, salgo y veo a Antonio, machete en mano, con un montón de ramas a sus pies: había descargado su descontento talando el árbol del pequeño patio de la casa. Me eché a reír y él también.

Después contesté a don Manuel dándole las gracias y diciéndole que, si era una invitación, como bien me decía, creía que debería respetar mi compromiso con la misión, con el obispo de aquí y con Antonio, quien quedaría solo ante una enorme tarea.

Don Manuel Pineda lo entendió.

Mi contacto con Enrique Molina continuaba. Me envió su último libro, *Poemas del hilo,* con esta dedicatoria:

> *Lorenzo:*
> *¡Qué alegría si este libro, escrito con tanto sufrimiento como esperanza y fe, te sirviera de atadura a ti mismo, a tu irrevocable vocación y al recuerdo de tus hermanos que te quieren, Charo y Enrique!*
> *Agosto de 1968.*

Le escribí dándole las gracias. Y le comenté la invitación que se me había formulado para volver al seminario.

Reina del carnaval

Desde antes de nuestra llegada, grupos de guerrilleros merodeaban por el Distrito Montes, quizás porque la cordillera del Turimiquire se abre a tres estados: Sucre, Monagas y Anzoátegui. Nosotros veníamos de otras latitudes políticas y no entendíamos que en una democracia existieran guerrillas, pero allí estaban, las padecía nuestro pueblo y nos tocaba asumir esa realidad como parte del ministerio…

La tarde-noche del 3 de febrero de 1969, el pueblo de Cumanacoa abarrotaba plaza Bolívar. Se había levantado un escenario para la elección de la Reina del Carnaval y el pueblo llenaba el aforo. Las bellas representantes de cada barrio desfilaban por el escenario, y cada barrio aplaudía especialmente a la suya, cuando corrió esta noticia: «Un grupo de guerrilleros han bajado de la montaña y acaban de tomar la entrada a Cumanacoa». Las palmas y la música cesaron de golpe y un extraño silencio enmudeció al pueblo. En ese momento, un policía salió de la prefectura disparando al aire. Aquellas detonaciones pusieron en estampida a los barrios y a sus gentes, a las candidatas y a su belleza, a los organizadores, los músicos y los curas. Así que, cuando Antonio y yo nos vimos dentro de casa, dijimos:

—¿Qué hacemos aquí?

Y volvimos para ver qué le estaba sucediendo a nuestro pueblo. En la calle pesaba el silencio. En la plaza Montes el Land Rover *pick up* de Teté se detuvo, él nos miró y dijo:

—Padrecitos, ¿suben?

Subimos y nos encaminamos hacia la salida del pueblo. Llegamos y encontramos varias señoras rodeadas por un grupo de jóvenes que decían:

—Marcharon hacia San Lorenzo. Han pedido que nadie les siga, a quienes lo intenten los matan.

Teté dijo:

—Vamos a plaza Bolívar.

Y mientras conducía no dejaba de repetir:

—¡Se nos jodió la vaina, padrecitos, se nos jodió! Seguro que Cumanacoa ya no va a ser lo que era. Igualito, igualito. Como en otros sitios: aparecen los guerrilleros y se jodió el pueblo. Los guerrilleros atraen al ejército y ya nada es como antes. Se nos jodió la vaina, padrecitos…

Nos bajamos en plaza Bolívar donde se encontraba el profesor Dimas —director del liceo Luis Beltrán Sanabria— quien nos vio y vino a saludarnos. Mientras hablábamos, yo contemplaba aquella plaza sin alma… Estuvimos un gran rato, y cuando íbamos a despedirnos, llegaron los primeros camiones cargados de militares. Los soldados saltaban, se agachaban y parapetaban tras los árboles. Los silbatos y las órdenes de mando —en una plaza ocupada por tres espectadores pegados a la pared y en silencio— atronaban el aire. El lento avanzar a hurtadillas de los soldados parecía increíble. Un soldadito pasó junto a nosotros diciendo:

—Carajo, ¿pues no se me cayó al saltar del camión?

No supimos qué se le había caído, pero en las manos llevaba un arma pesada. Aquella noche, hasta altas horas de la madrugada, los gritos, carreras y silbatos peinaron todos los rincones de Cumanacoa.

Dos días después, era lunes y habíamos bajado a Cumana, regresábamos y, nada más detener el carrito, nos llamaron con urgencia desde el hospital. Fuimos y hallamos varios cadáveres cubiertos con sábanas. Dijeron que eran soldaditos que habían sufrido una emboscada de los guerrilleros. Levanté la esquina de una sábana y me encontré con el rostro sin vida de un joven criollo. La locura humana me sobrecogió. Recé por aquellos jóvenes con dolor y rabia…

Y a partir de entonces, el ejército levantó un cuartel antiguerrillero en los altos de Cocollar.

El párroco de Cocollar era Antonio, y los militares le pidieron que ejerciese de capellán en el destacamento. Él lo aceptó como un servicio más. Pasados unos días le llegó el nombramiento: Capellán del Teatro de Operaciones Conjuntas en Cocollar. Pero catorce días después la sorpresa fue inconcebible: le prohibieron la entrada al destacamento y le acusaron de guerrillero. Acusación muy grave. Nuestro obispo se indignó y protestó, pero el ejército no se equivoca. Así que monseñor nos llamó y propuso dejar Cumanacoa y el Distrito Montes sin sacerdotes. Él estaba dispuesto a cualquier cosa, menos a tener que sufrir que un día apareciera uno de nosotros muerto. Antonio no quería, yo tampoco. Pero después de pensarlo se acordó que lo mejor sería que Antonio se marchara a Cumaná y que yo me quedase, pues no íbamos a añadir más dolor al pueblo. Así se hizo, y Antonio fue nombrado párroco de Nuestra Señora de Coromoto en Cumaná.

Correspondencia

En diciembre de 1969, recibí de Enrique Molina un tarjetón de Navidad, escrito a mano, en el que decía:

Querido Lorenzo:

Queríamos haberte escrito muchísimo antes, pero entre el trabajo y esperar a que saliera el libro que te queríamos mandar se ha echado el tiempo encima. Confiamos en que nos disculparás.

Lo del libro ya parece cachondeo. En marzo traduje para Herder uno sobre el sacerdote, bastante digno, y enseguida pensamos mandártelo. Pues bien, todavía no ha acabado de salir, aunque ya lleva tiempo en la imprenta. Tan pronto como esté listo te lo mandamos, junto con algún otro. Y como irá en correo ordinario (por avión es una ruina) te llegará sabe Dios cuándo. En fin, la voluntad es la voluntad.

En tu última carta nos contabas la invitación de don Manuel Pineda y tu resolución al respecto. Ya ha pasado tiempo, eso habrá quedado «antiguo» en tu vida de acción. Pero en todo caso, queremos hacerte constar nuestra total conformidad y adhesión a tu postura, la cual, por otra parte, es la única posible cuando el sacerdocio es una entrega y no un modus vivendi, *un servicio absoluto y no un escalafón de funcionarios. Tú, como María, y en otro sentido, has escogido la mejor parte, y nadie te la quitará: ni la crisis del posconcilio ni el mundo moderno ni las revisiones ni las tensiones ni las narices en vinagre. Estamos contigo a tanta distancia, pero enteramente. Si eso te sirve de algo, ahí queda dicho...*

Por supuesto (y como habrás deducido por este tarjetón), te felicitamos en Navidad y Año Nuevo de todo corazón. Y lo mismo a Olmedo, Antonio Rubio y demás amigos. A todos, un abrazo muy fuerte y la constancia y el calor de nuestro recuerdo. Que a todos os bendiga Dios y os conserve cuales sois. Si en algo tenéis humanamente que relajaros y ceder terreno, que no sea en el de vuestra entrega y vuestra conciencia de misión (en el buen sentido de la palabra).

No tardes en escribir. Tus cartas son una alegría y un baño de autenticidad. El que tú (vosotros) estás en Venezuela y no volváis, es más que un episodio diocesano.

Abrazos muy fuertes.

Charo y Enrique

Pido a Dios que mi *modus vivendi* —como dice Enrique— sea un servicio absoluto.

Fiestas patronales

6 de enero de 1970, Epifanía del Señor, Cumanacoa celebra la fiesta de su patrón, san Baltasar. Nos acompañó nuestro obispo y tuvimos, antes de la santa misa, una representación navideña. Monseñor se presentó a la hora prevista comentando que la carretera estaba llena de alcabalas móviles y que habían detenido su coche a pesar de la placa oficial. Yo me encontraba tan preocupado porque todo saliese lo mejor posible, que no capté la gravedad de sus palabras. La liturgia transcurrió según lo previsto. Y al concluir la eucaristía monseñor improvisó unas bellas palabras de agradecimiento y estímulo. Pero cuando salimos a la puerta del templo descubrimos una plaza tomada por los militares. No sabíamos que hacer, pero al ver en un camión del ejército a varios campesinos detenidos, quisimos hablar con los mandos, imposible. El obispo protestó, pero nada. Yo tuve que ir en busca del prefecto de Cumanacoa, porque uno de los jóvenes que nos había ayudado de acólito, lo acababan de detener.

Y en esto, Teté se acercó exclamando: «Se jodió la vaina, se lo había dicho. Cumanacoa ya no es Cumanacoa. Al ejército los dedos se le vuelven duendes». A pesar de su corpachón, estaba afectado.

El obispo tenía otro compromiso y no tuvo más remedio que marcharse. Se fue indignado por la forma y el día que el ejército había escogido. El padre Rafael, capellán de los militares en Cumaná, intentó aclarar la situación, pero volvió diciendo que no se podía hacer nada...

Aquella tarde, mientras yo hacía algunos bautizos, con las tres puertas del bello templo colonial de par en par, tuve que interrumpir el sacramento más de una vez: entraban soldados, rifle en mano, y asustaban a los padres, a los padrinos y a los niños de pecho. Yo interrumpía la ceremonia y les decía que podían entrar siempre que quisieran, pero sin armas y sin importunar a las personas.

La tarde parecía muy lenta, hasta que se marcharon los soldados y el pueblo respiró. Llegó la hora de la procesión y alguien pidió que, en señal de protesta, se suspendiese. Lo consulté y la mayoría exclamó: «¡Ni hablar!» Quizá por eso, la procesión de san Baltasar de los Arias, en Cumanacoa, 1970, tuvo más concurrencia que nunca.

Ese fue el hecho. La repercusión vino a la mañana siguiente: *El Nacional*, periódico de Caracas, traía este titular con grandes letras:

Mientras celebra sus fiestas patronales, Cumanacoa fue tomada por un batallón de cazadores. Telegrama del obispo de Cumaná a Caldera:

Sr. Don Rafael Caldera.
Presidente Constitucional.
Palacio Miraflores. Caracas.

En cumplimiento del deber pastoral, lamento comunicarle el atropello cometido hoy por el pelotón Fuerzas Armadas Nacionales contra pacíficos y laboriosos habitantes de Cumanacoa, justamente en el día en el que el pueblo Distrito Montes celebraba las festividades patronales de san Baltasar, y preciso momento en el que el obispo y los sacerdotes celebraban las mismas en el templo parroquial, al presentarse sorpresivamente camiones con soldados uniformados y con fusiles y ametralladoras para irrumpir plaza Bolívar y sembrar la desbandada de centenares de personas que celebraban jubilosamente las fiestas patronales, con pretexto de exigir la célula de identidad y subir a los camiones a los detenidos, quienes no las portaban en ese momento. Mientras en la iglesia predicaba el obispo pidiendo un pueblo unido con concordia, colaboración y comprensión, los soldados sembraban desconcierto, desconfianza y hasta odios contra las instituciones armadas, debido al inusitado y desacertado procedimiento, aprovechando las pacíficas aglomeraciones para el cumplimiento de operaciones militares.

Conociendo desde hace treinta años su buen espíritu civilista, su nobleza su corazón y su pureza de intenciones, tengo seguridad que usted como comandante en el jefe de las Fuerzas Armadas Nacionales no ha podido impartir semejantes órdenes arbitrarias, ni aprovechar las fiestas patronales para sembrar confusión y avivar el odio.

El pueblo de Distrito Montes pide por mi órgano poner fin a tales procedimientos para que vuelva la confianza y la paz.

Firmado, Mons. Mariano José Parra León, obispo de la diócesis de Cumaná.

Tras el telegrama, los militares invitaron al obispo a una reunión. Estaría presente el general Pardi Dávila, director del Centro de Operaciones Conjuntas del Ejército. Monseñor aceptó y concluida la reunión confesó que las cosas se habían aclarado.

Mas no fue así, pues el día 11, domingo, en todos los medios de comunicación aparecieron unas declaraciones del general Gustavo Pardi Dávila en las que afirmaba: «Los guerrilleros en Cumanacoa buscaron la protección del cura del poblado… Los militares solo se limitaron a dar persecución a sujetos que, al verse descubiertos, buscaron protección tras la persona del sacerdote del poblado».

Ya tenían su relato. Yo me sentí como san Pablo: con ataques y temores. Pero la cosa tampoco quedó ahí, pues el martes 13 de enero, monseñor respondió al general Pardi Dávila con estas palabras: «Es falso que los guerrilleros buscaran la protección en el cura del poblado».

Y en una larga misiva, afirmaba:

Asienta el general Pardi Dávila en sus declaraciones que los soldados no entraron a la Iglesia. Es verdad que yo afirmé que los soldados no habían entrado al templo durante la celebración de la misa. No lo hicieron; pero el sábado 10, el párroco de Cumanacoa, Pbro. Lorenzo Orellana Hurtado me aseguró que luego de la misa había tenido que sacar del templo a grupos de soldados que pretendían pedir la cédula de identidad en el interior de la Iglesia. [...]

Es falso, completamente falso, que los guerrilleros buscaran protección del cura del poblado. El párroco de Cumanacoa me ha asegurado que ningún guerrillero se ha acercado a él en petición de esa protección. Y el párroco de Cumanacoa no miente.

Tras esto, a mí solo me quedaba confiar y esperar…

Río Manzanares

Habituarme al clima me supuso paciencia, hasta que me adapté. El clima tropical tiene su haz y envés, como todos. Los días son siempre calurosos y nosotros vivíamos con gran austeridad, pues para no tener, ni ventiladores teníamos. Por lo que, tras la siesta, nos levantábamos ensopados. Aunque por las noches había que resguardarse de la humedad, pues si se introducía en el cuerpo lo descompensaba... Las lluvias también llegaban con sus beneficios y quebrantos. «Si le coge un aguacero, que no se le moje la cabeza, padrecito, la destemplanza acarrea la gripe», me decían.

La lluvia se denomina «invierno». Y por eso, cuando llueve dicen: «cae un invierno»; y si se trata de un fuerte aguacero exclaman: «¡qué tronco invierno está cayendo!»

Por el mes de julio de cada año arranca el tiempo de las lluvias, e invariablemente parece que el cielo se desfonda. Suele estar lloviendo veinte, treinta o más minutos, se detiene y vuelve otra vez. A veces, la lluvia se presenta con una puntualidad asombrosa: hay días y semanas que comienza a llover siempre a la misma hora. Después sale el sol en plan desquite y el suelo, de tierra o asfalto, respira como un géiser: todo lo cubre y lo empapa.

Esta es la época en la que el río Manzanares impone su señorío. Nace en la serranía del Turimiquire a dos mil doscientos metros sobre el nivel del mar, corre con la fuerza que impone la pendiente, atraviesa el valle, circunvala Cumanacoa, Arenas y no pocos poblados más. Los habitantes le temen y aman (han llegado a construir un pequeño balneario en las cercanías de Cumanacoa), recorre ochenta kilómetros y cruza de sur a norte el estado de Sucre, para ir a morir en el mar por el golfo de Cariaco.

En la época de lluvias —de julio a noviembre— el río puede sembrar desgracias. Hace años, los habitantes de Cumaná, cansados de padecer sus inundaciones, aliviaron su caudal antes de llegar a la ciudad. Pero en nuestro distrito, el río sigue tan en su ser que sufrimos sus crecidas. Y es que, cuando se abren las esclusas del cielo, la lluvia baja como una estampida que arrasa cosechas, casas y todo lo que encuentra a su paso. Cada vez que eso acontece tenemos que buscar ropa, enseres, alimentos y techo, y para no pocos vecinos.

Dos veces he padecido sus crecidas en el tiempo que llevo aquí. Gracias a Dios, solo han sido daños materiales.

Nuevo obispo en Málaga

El 25 de enero de 1970, día de la conversión de san Pablo y mi cumpleaños, don Ángel Suquía tomó posesión como nuevo obispo de la diócesis de Málaga.

No lo conozco, pero tuvo el detalle de escribirnos una carta en la que, entre otras cosas, dice:

> *Mi intención y mayor deseo, al llegar a la diócesis de Málaga, es conocer y amar lo más posible a todos y cada uno de los sacerdotes. Estoy procurando visitarlos, y estoy contentísimo con el clima de confianza y ayuda mutua que se está estableciendo.*
>
> *Quiero ir también, cuanto antes pueda, a veros a vosotros. Así podré comprenderos mejor y la ayuda que de mí dependa será más eficaz.*

Buen comienzo, Dios le bendiga y ayude.

Monseñor Mariano José Parra León

Con monseñor Mariano José Parra León viví unos encuentros que conformaron una relación cálida y agradecida. El primero de ellos tuvo lugar en una reunión del clero: el vicario general, don Santiago Acosta, habló sobre la pastoral diocesana. Tras la exposición, monseñor tomó la palabra mostrándose dolido, pues había sacerdotes venidos de fuera que intentaban imponer una pastoral ajena a la de la diócesis…

Aquella intervención me interrogó. Yo llevaba poco tiempo en la diócesis: ¿era uno de ellos? Quería saberlo. Así que alcé la mano, me permitieron hablar y dije:

—Monseñor, yo no llevo mucho tiempo en un sitio al que nunca pensé venir. Estoy porque se me ha enviado para prestar un servicio. Servicio que haré a las órdenes de mi obispo, que es usted. Así, que le agradezco las sugerencias que me dé, pero si a usted no le agrada mi actuación pastoral, le pido que cuanto antes me lo comunique, ya que es evidente que debo cambiar o no estar aquí.

—¡No, por Dios! —respondió monseñor—. No me refería a los malagueños a quienes tan agradecida está nuestra diócesis y yo particularmente.

El segundo encuentro sucedió pasados dos años, también en una reunión del clero, monseñor expresó que algunos sacerdotes hablaban mal de él…

Y de nuevo intervine:

—Monseñor —dije— si me lo permite quisiera hacer una puntualización. Dice usted que, a veces, los sacerdotes hablamos mal de usted (el número de sacerdotes en la diócesis rondaba los treinta). Yo, perdone, me atrevo a señalar que los sacerdotes en su inmensa mayoría lo apreciamos por su cercanía y saber estar: aunque es verdad que alguno ha podido comentar algo. Quizá porque hubo un detalle que le disgustó, pero eso es normal, pues usted es nuestro pastor y puede ocurrir que esa oveja hubiese querido que el pastor la encaminase a otros pastos, cosa que sucede y sucederá… (y todos rieron). Pero me atrevo a decir, con conocimiento de causa, que casi el cien por cien de su clero lo aprecia y quiere.

Monseñor me miró, sonrió y dijo contemplando a todos los sacerdotes:

—Gracias, padrecitos. Prometo solemnemente que jamás volveré a quejarme de mis sacerdotes.

Y lo cumplió.

Y el tercer encuentro con monseñor aconteció durante la visita pastoral que realizó al Distrito Montes, trece días, y ya estaba yo solo.

Llegó por la tarde. Le acompañaba como secretario de visita el padre Sangüesa, paúl y mayor que él. Un gran grupo de personas de la parroquia lo esperábamos a la entrada de Cumanacoa. Llegó en coche, se detuvo al vernos y se bajaron monseñor y el secretario. Y en esto, algunas de las señoras mayores que le esperaban, al ver al secretario tan de su edad pensaron que era el obispo, se acercaron a él, y, sin más, lo rodearon, abrazaron y besaron.

Monseñor, los presentes y yo los contemplábamos encantados. Así que, cuando el «besa secretario» concluyó, dije al padre Sangüesa:

—Se ha llevado usted parte de la clientela y hasta lo han besado.

Y el humor del navarrico exclamó:

—Quien nísperos come, bebe cerveza y besa a una vieja ni come ni bebe ni besa.

Todos, con Monseñor a la cabeza, nos echamos a reír. Augurio de buena visita.

Los trece días que duró su estancia fueron agotadores, pero un encanto. Yo había preparado un folio con tres columnas: una, con el día y lugar donde arrancaba cada jornada y la familia que nos ofrecería el desayuno; la segunda, con la hora del almuerzo, dónde estaríamos y la familia que lo proveería; y la tercera, con lo mismo para la cena. Y es que había que alimentarse allá donde estuviésemos llevando a cabo la visita. Por la noche volvíamos a Cumanacoa. Más de una noche, antes de acostarnos, el padre Sangüesa me pedía que sacara la lista y leyera dónde iríamos a reponer fuerzas al día siguiente.

Monseñor se comportó durante todo este tiempo como un verdadero amigo y padre. Recorrimos los núcleos grandes, medianos y pequeños. Nos reunimos con los grupos de cristianos más comprometidos. Celebramos eucaristías, confirmaciones y matrimonios. Y él, siempre al pie del cañón, aceptando, animando y palpando cómo vivían sus diocesanos...

Recuerdo que en San Juanillo, tras reunir a la población y compartir con ellos la fe, antes de despedirnos se acercó un campesino con su caballo para despedirse. Monseñor admiró el animal y dijo:

—¿Puedo montarlo un tantico?

—¿Cómo no? —respondió el campesino.

Y montó con una soltura y elegancia que me dejó admirado.

En un pobladito lejano nos reunimos en la escuela, único lugar posible. Monseñor siempre llevaba un maletín con la mitra, el roquete y su estola. Así que le pregunté:

—¿Los va a utilizar?

—Sí, padre, que estas buenas personas puedan contar que una vez estuvo aquí el obispo y ellos lo vieron con todos sus capisayos.

Y monseñor, al terminar de saludar a los presentes, les preguntó cómo vivían... y esperó que arrancasen. Uno se levantó y dijo:

—Queremos vivir como personas, y algunos también como hijos de Dios.

Y monseñor contestó:

—Muchas gracias, ha trazado usted el programa de lo que tiene que ser la vida de todo cristiano.

Y les habló de lo que es ser persona e hijo de Dios, comentándoles el significado de la bella costumbre de pedir la bendición que ellos y el pueblo conservan.

—Miren, les dijo, pedir la bendición que ustedes han enseñado y dan a sus hijos es otra síntesis de lo que debemos ser los hijos de Dios, es decir, las personas cristianas. La palabra bendición nace de dos voces latinas que se han unido: *Bene*, que significa «bien»; y *dicere*, «decir». Así, cuando los dos vocablos se unen se convierten en *bene-dicere*, «bien-decir», «bendición». Pero ¿quién queremos que bendiga, que diga bien y dé lo bueno a la persona que bendecimos? ¿A quién encomiendan su hijo? ¡A Dios!, pues dicen: «Dios te bendiga, mi hijo». ¡Qué belleza! Ustedes están orando a Dios cada vez que bendicen a su hijo. Por eso, cada bendición que otorgan es un acto de amor a Dios y al prójimo. No lo olviden, en cada bendición afirmamos que queremos vivir como personas y como hijos de Dios. Y Dios nos dice que, si lo amamos a Él y al prójimo, estamos viviendo como Él quiere y que, por eso, nos otorga su mejor bendición.

Los presentes sonreían y monseñor también. Después añadió:

—Ahora os voy a impartir la bendición, y para que no la olviden, me voy a poner los ornamentos episcopales… Pero antes quiero confesar una cosa: el obispo también necesita ser bendecido. Sí, igual que ustedes cuando bendicen. Y es que, si desean que Dios bendiga a sus hijos, al mismo tiempo están pidiendo esa bendición para cada uno de ustedes. Por eso, yo deseo que Dios me bendiga, deseo que ustedes me bendigan, que oren por mí, para que yo sepa conocer a mis diocesanos. Todos formamos la diócesis de Cumaná. Y yo debo seguir yendo a todos los sitios, para conocerlos, bendecirlos, escucharlos, predicarles la palabra, el amor de Dios y amarlos. Pedid al Señor que yo lo sepa hacer bien. Por eso, para que recibamos su bendición, quedémonos un instante en silencio diciendo: «Señor, hoy te pido, por intercesión de nuestro obispo, que me concedas tu bendición, porque yo te amo y quiero amar siempre a mis hijos, hermanos y vecinos».

Monseñor se puso el roquete blanco sobre su negra sotana, la estola tras besarla y la mitra. Se recogió en silencio. Y dijo:

—El Señor esté con ustedes.

—Y con su espíritu —contestamos.

—Nuestro auxilio es el nombre del Señor.

—Que hizo el cielo y la tierra.

—Que la bendición de Dios Todopoderoso: Padre, Hijo y Espíritu Santo, descienda sobre todos ustedes y os acompañe siempre.

—Amén —dijimos todos.

Y tras hacer el signo de la cruz, añadió:

—Que Dios me los bendiga, hijos.

Y todos comenzaron a aplaudir…

A Río Caigüire también fuimos. Yo había hablado con el campesino que nos ofrecería la comida: uno de los que iban a recibir el sacramento del matrimonio. Visita que se había preparado con ayuda de unas personas de Cumanacoa, que estaban presentes. Todo transcurría como esperábamos y, cuando se aproximaba la hora del almuerzo, dije a mi amigo campesino:

—¿El almuerzo está previsto?

—¡Cómo no!

—¿Y está preparado?

—Pues más ahorita, mire usted, por ahí mismito corre…

Y lo que corría por el patio era una gallina.

Menos mal que monseñor era criollo y sabía que el tiempo para los campesinos es otro. Así, que las señoras que se habían desplazado desde Cumanacoa se pusieron a ayudar a la dueña, y, tras la espera, todo salió mejor de lo temido.

Monseñor resistió los trece días perfectamente.

Yo admiré su cercanía. Su saber estar. Su capacidad de escucha y de comunicación. Y llegué a sentir cómo llevaba esperanza, fe, consuelo, alegría y aliento, con su ejemplo y palabra, a niños, jóvenes, mayores y al cura del lugar. Gracias.

Vacaciones

En el verano de 1970, después de tres años sin ver a nuestras familias, Antonio y yo volvimos a España de vacaciones. Por cierto, como nuestra economía era de una pobreza alegre y no nos alcanzaba para abonar los billetes de ida y vuelta, la agencia de viajes Corael, plaza Miranda, 12, en Cumaná, nos adelantó los billetes. Pagamos lo que pudimos y, a la vuelta, los fuimos abonando. Gracias.

Nada más llegar a Antequera envié una postal al obispo de Cumaná, diciéndole que pronto íbamos a ver al nuevo obispo de Málaga, don Ángel Suquía.

Encuentro que se realizó el 20 de julio y al que se unieron algunos sacerdotes que habían estado en Venezuela. Resultó muy agradable. Don Ángel prometió que la diócesis seguiría ayudando a la Iglesia en Hispanoamérica; y que él iría a Venezuela para tener un contacto directo con cada uno de los sacerdotes que allí trabajábamos.

Y mientras, el obispo de Cumaná contestó a mi postal:

Cumaná, 23 de Julio de 1970
Sr. Pbro. Lorenzo Orellana Hurtado

Mi querido padre Lorenzo:
Agradezco mucho la amabilidad de su tarjeta fechada
el 3 de julio, muy preciosa, por cierto, con simpáticas vistas

de la tierruca que lo vio nacer, dar los primeros pasos y fajarse los primeros calzones.

Me satisface saber que se encuentra en su casa, con sus padres, gozando de sus vacaciones. ¡Cuánto lo envidio! ¡Feliz usted que cuenta todavía con sus progenitores! Dios se los conserve para muchos años.

Por esta, también su tierra, todos estamos bien tranquilitos como los tablones de caña de la inolvidable Cumanacoa. Allí está el padre Calao con ayuda de un nuevo sacerdote colombiano que me cayó bajado del cielo, algo así como la maná, para que el padre Calao no se viera solo con todo el Distrito Montes, sin excluir los famosos guerrilleros, que, por cierto, están muy silenciosos.

Me alegra la noticia que me da usted de que pronto habrían de reunirse con el Sr. obispo de Málaga. Espero sus impresiones, como me las promete en su tarjeta.

Me complace mucho enviar un afectuoso saludo a sus honorables padres. Ojalá tuviera la dicha de conocerlos algún día que vuelva por esa tierra de María Santísima. Mil recuerdos para ellos de parte de un obispo que tanto quiso a los suyos.

¿Qué ha sido del gran Antonio? He recibido cartas de Pulido, Manuel Fernández y la tarjeta de usted; pero del «guerrillero»… absolutamente nada ni un recuerdo. Si lo ve, lo saluda de mi parte, y espero que esté gozando mucho en la tierra por donde dicen las malas lenguas que nace el sol… «Salió el sol por Antequera…».

Bueno, mi querido padre Lorenzo. Un cordial y afectuoso saludo de quien en verdad lo aprecia.

Firmado: Mariano José Parra León. Obispo de Cumaná.

Terminadas las vacaciones, volvimos a Venezuela.

Don Ángel Suquía en Venezuela

El 3 de enero de 1971 recibí una postal con la foto del seminario de Málaga. Era una vista aérea, me encantó. La enviaba don Manuel Pineda, felicitándonos por Navidad:

> *Queridos Lorenzo y Antonio:*
> *Desde este edificio, del que tenéis recuerdos en abundancia, os envío, de parte del grupo de sacerdotes del seminario, nuestro cariño y felicitación en las presentes Navidades.*
> *El Señor os conceda un nuevo año con optimismo, esperanza y el ser colaboradores del programa que trae.*
> *De Málaga no hay cosa sobresaliente. Un invierno fuerte de frío y agua. De España, ya vais conociendo por la prensa. A ver en qué termina todo. Un abrazo.*
> *Manuel Pineda*

Desde el 10 de enero al 10 de febrero, don Ángel Suquía nos visitó. Todos fuimos a recibirle a Caracas. Éramos dieciséis. Estuvimos reunidos un día con él y, tras el saludo y los recuerdos de nuestras familias (a las que don Ángel había visitado y grabado en una cinta algunos mensajes para nosotros) nos habló, cambiamos impresiones, oramos y volvimos a nuestros lugares de trabajo. Él se desplazaría a cada diócesis y parroquia, para vernos en nuestro sitio.[7]

Las visitas personales las inició en Caracas, donde don Alberto Planas trabajaba como animador vocacional. A continuación, pasó a Cumaná. Monseñor Mariano José Parra León y don Manuel Fernández lo recibieron y llevaron a los lugares más importantes de la ciudad y al seminario diocesano. El martes 18, por la mañana, don Manuel Fernández trajo a don Ángel y a don José García Rosado a Cumanacoa. Yo estaba esperándoles. No había preparado nada especial: pensaba que lo mejor sería que viera la realidad al natural (aunque había dicho a doña Graciela que almorzaríamos en su casa —ella y Sofe, su esposo, se portaron conmigo como unos padres— y a doña Luz y don Carlos les pedí que prepararan la cena: las dos familias accedieron). Lo demás dependía de lo que don Ángel quisiera. Así que lo recibí contento y preguntando:

—Señor obispo, no sé qué quiere usted, dígamelo y lo hacemos.

—Lo primero hablar contigo —fue su respuesta.

Y a ello nos pusimos. Se sentó en el ture indio, se retrepó, me miró y tras contemplar aquellas paredes de bahareque, dijo:

—Lorenzo, ¿cómo te encuentras?

—Bien —dije, y comenzamos a hablar de mi trabajo y oración.

---

[7] Las dos diócesis de Venezuela que, en ese momento, tenían más sacerdotes malagueños eran las de Cumaná y Maturín.

Recuerdo que en mitad del diálogo alzó los ojos hacia el techo de cañas y preguntó:

—¿Quién te cuida? ¿Quién te lava la ropa? ¿Dónde comes?

Yo me emocioné. Era la primera vez que un obispo me preguntaba por algo tan serio e importante como el diario vivir. Don Ángel me recordó a mi madre. Sus preguntas eran las que ella me habría hecho, y me sentí acogido.

El verdadero maestro no es el que te transmite nociones, sino el que te acoge y enseña a vivir, y por ello le interesa tu vida.

—Hoy vamos a comer, le dije, en la casa donde almuerzo.

—Bien pensado.

Y seguimos hablando del trabajo, la oración, la economía y las lecturas… Era la primera vez que lo veía, pero hablamos de lo divino y lo humano, como si lleváramos tiempo viviendo bajo el mismo techo. Al final me propuso que, a mi vuelta a la diócesis, me fuese a estudiar pastoral. Le dije que sí. Y, a continuación, fuimos a la iglesia donde García Rosado rezaba delante del sagrario. Antes de comer, salimos con mi viejo Volkswagen a visitar los pueblos de Arenas y Aricagua. San Fernando lo dejamos para la tarde.

Apuntes de un pequeño diario (1)

5 DE JUNIO DE 1971

¡Cómo corre el tiempo! Desde la lejana vuelta de vacaciones estoy absorbido por esta extensa parroquia.

De Málaga y España me persigue el dolor de los compañeros que han abandonado el ministerio. ¡Cuántos maravi-
llosos sacerdotes se han sentido obligados a ello! Un amigo
me dijo: «Lorenzo, se me acabó la cuerda». Había trabajado
con verdadero celo. Entonces, ¿dónde el fallo? ¿Se dejó llevar
de su generosidad y no calculó sus fuerzas? Pero ¿con poco
más de veinte años tiene uno capacidad para calcular toda su
existencia? ¿O acaso se le oscureció la presencia del Señor
y otras presencias se impusieron? ¿Por qué cuesta tanto la
gracia de su presencia? «*¿Por qué, Señor, me escondes tu rostro?*»,
dice el salmo 88. En fin, pido por los compañeros que se
ven en la necesidad de abandonar el ministerio... Ojalá,
tanta capacidad de entrega y preparación sepa aprovecharla
nuestra jerarquía y no se sientan discriminados.[8]

---

[8] No estaría mal recordar que durante el Concilio vivimos un plus de gozo y esperanza, pero, tras el mismo, faltaron maestros para aterrizar tan gran legado. Por lo que
pasamos de la euforia de los primeros momentos, a cierto desencanto... Un compañero decía: «La sociedad es un inmenso mercado donde todo el mundo se dedica a
comprar. Y yo voy con mi cesto ofreciendo un género único, el mejor, pero a nadie le
interesa. Soy un vendedor desencantado». ¡Cómo mata el desencanto! Añádase que la
espiritualidad y formación pastoral que habíamos recibido eran para otro universo. Lo

Estando en estas, recibo carta de Enrique Molina en la que me ofrece su punto de vista sobre el panorama de la Iglesia en España:

Barcelona, 29 de mayo de 1971
Querido Lorenzo:
Por fin nos llegaron noticias tuyas… Y ya, ¿hasta cuándo? Eso es lo peor. Además (en esto sí me pongo serio) has tardado mucho en dar señales de vida. Tu carta tiene fecha del 30 de marzo… ¡Desde agosto, en que se malogró nuestra entrevista! Sentíamos ya algo así como si te hubiéramos perdido. Bueno, choca esos cinco, y a no reincidir, ¿eh?
Si te digo que tu carta nos ha servido de mucho en el terreno espiritual (escribo esta palabra con infinitas precauciones) no hago más que repetirte lo de otras veces, lo de siempre. Efectivamente, en medio del follón y del cachondeo en que nos movemos, tu estar ahí y tu modo de hablar (y, por supuesto, de sentir) son para nosotros una bocanada de aire limpio y serio. No quiero insistir para no caer en el ditirambo, e incluso para mantenerte más en tu línea, tan alejada de halagos y de complacencias. Nos hubiera gustado muchísimo (lo necesitábamos) hablar contigo de esas cosas a las que aludes en tu carta, de ese mundo, y de esa tu manera de vivir en él. Desde que te fuiste han pasado

---

que hizo que pareciéramos una tropa mal pertrechada. Y no fue menor «la falta de una orientación interesante en materia espiritual», como recogió el documento cero de preparación a la Asamblea Conjunta de septiembre 1971.

muchas cosas, aquí, allí y en todas partes. Subjetivamente, nuestras inquietudes de conversadores arraigados se han quedado pequeñitas, lejanas, casi insignificantes, aunque eran sinceras. [...].

Berdiaev decía que la humanidad lleva veinte siglos jugando a ser cristiana. Ahora, a este juego (que va quedando reducido a unos pocos) se une otro: el de jugar a la guerra entre cristianos, disparándonos artículos, conferencias, asociaciones y hasta sínodos. En medio del barullo general, los que de veras quieren ir al fondo de las cosas, lo hacen agresivamente, resentidamente, petardeando a gusto. «En esto os conocerán: en que os amáis los unos a los otros». ¡Caray! Mal nos van a conocer. Estamos desconocidos, chico. O tal vez siempre lo estuvimos. Frente a esto, cualquier doctrina que presuma de eficacia y la ofrezca en apariencia (marxismo o materialismo liberal) lleva las de ganar. Además, está ocurriendo algo terrible, y es que a la gente le ha dejado de interesar el amor, ha dejado de considerarlo como categoría suprema. Antes decían: el Evangelio es estupendo, pero no se cumple, no lo cumplen los curas (o los fieles); ahora dicen: el Evangelio es despreciable, no es una base ni un arma para el hombre (es decir, el amor no tiene razón de ser; y entonces viene el culto al sexo, al dinero, a la revolución violenta, a todo lo que está al margen del amor).Y mientras tanto, y por debajo de eso, la opresión, la explotación del hombre por el hombre clamando al cielo y a la tierra la violencia institucionalizada... Hay para pensar. Yo, casi casi, me estoy «luteranizando», a la vez que, en lo político social (esto es, en la categoría de la convivencia humana), me estoy radicalizando. Y lo peor es que no se puede decir que no llega la sangre al río: sí llega a los ríos de tu continente, y al Jordán, y al Mekong. Mientras no vuelva a llegar al Ebro…

Bueno, Lorenzaccio, como siempre, me he liado. Charo está sentada a mi lado, leyendo El obispo, *de Bruce Marshall, precisamente. Te manda un abrazo, que junto con el mío ya son dos, y de clase especial. Escribe pronto, hombre. No seas malo. Te esperamos para dentro de junio (por carta, quiero decir).*

Que Dios te siga acompañando.

Enrique

Qué razón tiene mi profesor cuando afirma: «cualquier doctrina que presuma de eficacia y la ofrezca, lleva las de ganar».

Es verdad. Y ahí radica nuestra pobreza y autenticidad. Ya que nosotros buscamos, antes que el número a las personas. Por lo que nuestra eficacia no reside en tener, sino en la profundidad que da el ser. Y cuando esa profundidad alcanza el corazón humano, este descubre la belleza del Señor Jesús y da Gloria a Dios. He ahí nuestra meta: glorificar a Dios iluminados por el Espíritu.

Y si somos fieles al Espíritu y así actuamos, la fe impregna el alma con una paz y esperanza que irradia amor y alegría. La ideología busca la eficacia, el número; la fe otorga una luz que transforma la vida y convierte al creyente en un comerciante de «perlas preciosas que ha descubierto una de gran valor y lleno de alegría vende cuanto tiene y la compra». Y entonces, al creyente se le ilumina la amistad con Dios y los hombres, nuestros hermanos. La amistad, pues toda amistad verdadera respeta que el amigo tenga su propia vida. Por eso, en la amistad que nace de la fe, se respeta que Dios y el prójimo tengan su propia vida. Y descubrimos la voluntad del Padre, que Jesús cumplía: «yo hago siempre lo que agrada a mi Padre». Descubrimiento que nos hace disponibles como lo fue Él, y capaces de salir de nuestras circunscripciones e ir a los límites que la fe, el amor y las insinuaciones del Espíritu nos presentan. Y gustamos del amor, la esperanza y la alegría, como nunca…

Señor, que yo viva y refleje el resplandor de tu amor.

Grupo de jóvenes

Anoche tuve reunión con el grupo de jóvenes. Se han cohesionado y avanzan en el conocimiento y vivencia de la fe, hasta el punto que han sentido preocupación por los demás. Por ello, se propusieron visitar y ayudar en uno de los barrios más pobres. Las primeras visitas las realizaron de forma paternalista. El barrio tenía aspecto de muladar, buscaron medios, consiguieron un camión y se pusieron a limpiarlo de arriba abajo. Los moradores contemplaban admirados e incrédulos… Pero ellos estaban orgullosos de su acción.

Dos semanas más tarde, la basura campeaba de nuevo por el barrio y se desencantaron. Nos reunimos y aceptaron la crítica. Después de un diálogo sincero y tras dos reuniones, vieron que la formación humana y cristiana acontece cuando las personas descubren que han de ser ellas las primeras interesadas en cuidar de su vida, de su entorno y de su fe…

Por lo que, tras reconocer su novatada, fueron descubriendo que para ayudar a las personas antes hay que empatizar con ellas. Y se han propuesto visitar el barrio sin pretensiones, pues son los vecinos los que tienen que ver que ellos no buscan interés alguno…

«Hemos de cambiar —dijeron— pues solo así podrán los vecinos descubrir su realidad y encontrar caminos para mejorar sus vidas».

Y hoy, mes y medio después de su fracaso, les he preguntado cómo ven su tarea. Y han hablado de las últimas experiencias vividas. Hilda contó que llegó a una casa y que la mujer estaba desfigurada. La había visitado con anterioridad y la señora la invitó a entrar. Y ante aquel rostro maltratado preguntó:

—¿Qué le ocurrió, señora?

—Señorita, lo conozco, se habrá enamorado.

Y entonces, Hilda nos habló del valor de la escucha y el consuelo.

—Solo hice eso, escucharla, tomarla de la mano y dejar que se desahogara. Al final, la mujer parecía otra. Pero quien salió de aquella casa convertida en otra fui yo.

Todos sonreíamos.

—Analicemos esta experiencia —dije— creo que se ha producido un encuentro, ¿sí o no?

—Sí, dijo Hilda.

—Entonces ¿qué te movió a propiciar ese encuentro?

—¿A mí? La fe y el amor —respondió.

—Ah, la fe que se manifiesta en el amor. He ahí la clave. Solo cuando nuestra fe desemboca en el amor a Dios y al prójimo es auténtica. El amor es el corazón de la fe. Os felicito, porque os estáis moviendo como cristianos. Pero, Hilda, cuando la señora te dijo que pasaras ¿por qué te lo diría?

—Porque ella aceptaba mi visita, me conocía y me invitó a entrar y a hablar.

—De acuerdo, te habías acercado sin pretensiones, lo que la llevó a aceptar tu presencia y abrirse a tu amor para contarte su situación. Entonces, ¿cómo podemos llamar a ese encuentro?

—¿Encuentro de amor? —preguntaron varios.

—Llevan razón, fue un encuentro, y todo verdadero encuentro lo es de amor. Por eso salió Hilda convertida en otra. Y es que la fe puede convertir un encuentro casual, en uno de amor. El amor siempre transforma. El amor de Dios siempre es generoso: Él nos ama sin imponerse y cuando ese amor es aceptado, deja un poso de alegría y consuelo…

Y tras un intercambio de comentarios, dije:

—Jesús comenzó su obra de salvación por la encarnación, propiciando un encuentro de amor con todos. Este es siempre el primer gran paso: acercarnos al otro desde el amor y esperar que lo reciba, sin imponerlo. Por ello, nosotros siempre seguiremos queriendo al prójimo, aunque él no nos acepte. Y si así vivimos, estaremos dando el mejor testimonio del amor incondicional de Dios.

Apuntes de un pequeño diario (2)

2 DE JULIO DE 1971

Ayer sábado celebramos las primeras comuniones de dieciocho alumnos de cuarto y quinto grado, en Caigüire. Estuve yendo toda la semana. Zoraida, la maestra, llevaba tiempo preparándolos. Y, para ese día, los adolescentes, dos maestros y unos hombres a los que dieron ochenta bolívares, levantaron un gran caney, bajo el que celebramos la santa misa. Había muchísima gente, incluso algunos evangélicos.

Y hoy, domingo, me he llevado una sorpresa: trece de aquellos primocomulgantes se han presentado en la iglesia a las siete y media de la mañana para participar en la misa. Vinieron andando. Al finalizar la misa los presenté al pueblo y dejé caer: «¡Qué bueno sería que nuestra comunidad parroquial supiera acoger a quienes, desde lejos, se desplazan hasta la parroquia!».

Hilda, Viví y Carmencita, en la heladería, les han dado el desayuno. ¡Qué maravilla cuando se vive la palabra, la parroquia comunica vida, he ahí su misión!

24 DE SEPTIEMBRE

Hoy es domingo. Me levanté a las seis de la mañana. Tuve misa y confesiones en Cumanacoa. Misa y catequesis con un grupo de niños en Arenas. Visita a Nino, que se ha operado del estómago. Y a las doce y cuarto vino un hombre a pedirme un fuerte.[9] Hablamos y se lo di.

Por la tarde, en la plaza Montes había una yincana. La música de los altavoces invadía mi casa… Me sentí solo. Momentos parecidos los he convertido siempre en oración —pues la sabiduría y gracia son solo de Él— y me he puesto en su presencia con mi soledad a cuestas… Pero esta tarde me atraganté y llegué a considerarme un adorno iluso, ya que crear comunidades resulta muy lento y difícil. Y al recordar que era el día de la Merced, me vi como un preso en este rincón del mundo. Llegué a pensar que mi situación era la de un encarcelado, por lo que dije a la Señora: «Madre de las mercedes, ayúdame».

Sonreí —la sonrisa es anticipo de la gracia— me levanté y fui a la plaza Montes: la yincana era de motos.

Y ahora, cuando he vuelto de la misa en San Fernando son las diez de la noche, confieso que no me cansaré de dar gracias a Jesús por el regalo de la eucaristía. Siempre me deja huella. Siento una atracción que me une a Jesucristo. Así que tras contemplar el cielo que se abre sobre el pequeño patio y admirar los cuernos de la luna, boca abajo, he abierto la Vulgata por el salmo 8, versículo segundo:

Domine, Dominus noster, quam admirabile est nomen tuum in universa terra. Y he dicho: «Yo admiro y alabo, Señor nuestro,

---

9   El fuerte equivale a cinco bolívares.

tu nombre —que para mí es Padre— ya que no hay otro tan admirable en toda la tierra…».

Quid est homo…? Y me siento tan casi nada, que vuelvo a preguntarme con la Madre Carmen del Niño Jesús: «¿Quién soy yo, para que me quieras tanto?» Y crece mi admiración ante tu nombre, Padre, al tiempo que mi pequeñez te lo agradece…

Y he pasado al versículo 5:

Quid est homo, quod memor es eius? «¿Quién soy yo para que te acuerdes de mí?» Y siento vértigo… Y te alabo, Señor, aunque solo me alance el silencio de tu gracia y amor. Sí, te alabo porque me atraes y me quieres. Y te adoro sin palabras, pues bien sé que la mejor adoración es un himno de silencio.

Y, ahora, cuando he alzado la cabeza he visto el reloj: las once menos cuarto de la noche, por lo que concluyo:

«¡Gracias, Señor. Gracias, Madre nuestra, Señora de la Merced!».

Pegones

Son las tres y cuarto de la tarde y mi casa está invadida de «pegones».[10] Molestan. Está nublado y he encendido la luz. ¿Vendrán huyendo de las lluvias tardías? Molestan. De los pegones nada me dijeron. De los mosquitos, cucarachas, ratas, iguanas y serpientes, sí.[11] Cuando llegamos, don Manuel, el párroco, afirmó que habíamos tenido suerte, pues hacía poco que habían fumigado las casas del pueblo.

—¿Todas? —pregunté.

—Sí, todas, hasta la iglesia.

—¿Y eso?

—Porque hay que evitar las plagas.

—¿Plagas?

—Sí, de mosquitos. Son tan abundantes y molestan tanto que no se les llama mosquitos, sino plagas, aunque la molestia venga de uno solo. Las cucarachas también abundan, por ahora las tenemos alejadas. Dentro de poco conoceréis cómo se multiplican.

---

[10]   Los llamados pegones son meliponinos, tribu de himenópteros apócritos de la familia *Apidae,* conocidos vulgarmente como abejas sin aguijón o pegones.

[11]   En el Distrito Montes se pueden encontrar diversas especies de serpientes, incluyendo algunas víboras venenosas. Entre las más comunes se encuentra la cascabel *(Crotalus durissus cumanensis),* conocida en esta zona como *Lachesis muta,* o serpiente de cascabel muda, y que es venenosa. Igualmente, la mapanare *(Bothrops colombiensis),* conocida por su veneno hemotóxico y su agresividad.

Y bien que las conocimos. Aparecen por todas partes. Muchas veces he deseado que se presenten de nuevo los fumigadores…

Las ratas me son familiares, cohabitan conmigo. Los techos de la casa alquilada están cerrados con cañas sin enlucir. Cañas viejas que dejan entrever cómo corretean sobre ellas con sus crías. Temo que un día cedan las cañas y los animales caigan sobre mí. Un espectáculo. La casa parroquial se había derrumbado y don Manuel alquiló esta vivienda.

Pero de los pegones nadie me dijo nada. Así que he vuelto a apagar la luz. No me dejan escribir, molestan. Me aterrizan en la cabeza y sueltan una pequeña gota que se me pega al cabello, parece que desean anidar en mi testa y no se marchan, estoy harto, molestan, voy a lavarme la cabeza, ya.

Convivencia

El movimiento de los cursillos de cristiandad en Cumanacoa alquiló una casa para que fuese lugar de encuentro de los cursillistas locales. Y organizó una convivencia conjunta con los cursillistas de Cumaná en la hacienda San José.

Al llegar a la finca me tropecé con el árbol de la papaya. Recordé que antes de mi venida no conocía ni siquiera sus frutos, y que al verlos tan grandes y hermosos pensaba que nacerían sobre la tierra, como los melones. «No —me dijeron— nacen en un árbol». E imaginé que, para sostener tan grandes frutas deberían tener el tronco y las ramas bien robustas, pero cuando me vi ante un papayero no daba crédito: su consistencia me parecía escasa para tamaña carga. Por eso, cada vez que me veo delante de uno aumenta mi admiración. Aquí, a las papayas se le da el nombre de «lechosas» y «frutas bomba».

En la hacienda San José el día se presentó muy caluroso, pero no fue obstáculo para que la jornada resultara positiva. Mi intento fue ayudarles a reflexionar sobre la familia y la Iglesia. Deseaba que advirtiesen la importancia y el valor de la comunidad familiar, sin la que no hay iglesia doméstica. Así que les hablé de la vida en familia que se desarrolla en un ámbito nuevo que supera la suma del tú y el yo; y que la realidad familiar debe respirar unidad, esperanza y amor. Y les conté lo que decía aquel misionero que se encontró con un pequeño de diez años que llevaba a cuestas a su hermano inválido. El misionero le preguntó:

—¿Pesa?

Y el crio respondió:

—¡No, es mi hermano!

Mi hermano. En la Iglesia todos somos hermanos, ya que la fe y el bautismo nos hacen hijos de Dios, hijos del mismo padre, hermanos. La Iglesia también tendría que ser una grandiosa familia. Y les cité de la carta de Pablo a los Efesios 2, 19-22:

> *Por lo tanto, ya no sois extranjeros ni forasteros, sino que sois conciudadanos de los santos y miembros de la familia de Dios. Estáis edificados sobre el cimiento de los apóstoles y profetas, y el mismo Cristo Jesús es la piedra angular. Por él todo el edificio crece bien ensamblado, para hacer un templo consagrado al Señor. Por él también vosotros os vais integrando en la construcción para ser morada de Dios por el espíritu.*

En la Iglesia nadie es forastero —repetí— todos pertenecemos a la familia de los hijos Dios, edificados sobre los apóstoles y el mismo Cristo. Consagrados al Señor para ser morada de Dios. La Iglesia no es por ello una multitud que se reúne, sino un cuerpo vivo, una realidad nueva, donde vivimos como templos de Dios por el Espíritu. El Espíritu es el alma de la Iglesia. El Espíritu nos congrega, inspira y edifica sobre Cristo, que es la piedra angular. Y como

Cristo, nosotros también debemos ser piedras vivas de este edificio que el Espíritu Santo alienta con su amor. Por ello, en la Iglesia hemos de vivir como en familia, porque el aire del amor está presente y nos lleva a vivir como prójimos, próximos de todos. Por lo que nuestro distintivo ha de ser el espíritu de amor que nos empuja a la misión. ¿Cómo? Manifestando nuestra fe y dando testimonio de amor. Testimonio que ha de llevarnos a ayudar siempre y anunciar con obras y palabras la verdad de nuestra fe, la alegría que nos da el amor del Padre manifestado en Cristo Jesús…

Tras la charla se distribuyeron en grupos para reflexionar y pasar después a un rico diálogo entre todos. Diálogo en el que hubo exposición de lo reflexionado en el grupo y preguntas. Una de ellas me la hicieron a mí:

—¿La parroquia no tendría que ser una comunidad de comunidades familiares?

—Por supuesto —dije—, la parroquia, la sociedad y la Iglesia. Si viviésemos con amor y sentido de fe nuestra realidad familiar, llegaríamos a formar comunidades vivas, llenas de concordia, que dan sabor a este mundo nuestro. Quizá los cursillos de cristiandad, en nuestra parroquia, deberían atender a la vida de fe en las familias.

Al finalizar el diálogo, como el pequeño árbol de la papaya me había hecho recordar otro tiempo, dije:

—El árbol de la papaya que tenemos presente en esta hacienda, aparentemente no es tan voluminoso como otros, pero sus frutos son grandes, ricos y saludables. Nosotros no somos tantos, podemos parecernos a ese pequeño árbol, pero vamos a concluir este encuentro viviendo la eucaristía, y la vamos a vivir como Iglesia de Cristo. Por eso, aunque no seamos tantos, nuestra eucaristía es presencia viva de la Iglesia. Pidamos entonces que nuestros frutos de amor y cuido de los demás sean ciertos, vivos y hermosos, porque el amor siempre es el mejor y más hermoso de todos los frutos.

Durante la eucaristía los pequeños se quedaron vigilados en la acequia —el agua corría fresca y clara—, los mayores celebrábamos la santa misa en familia.

—Y este «en familia» que hemos recordado —volví a decirles antes de despedirnos— es el corazón y la primera célula de la Iglesia. Ojalá tengamos como modelo a Dios Trinidad, comunidad de amor, donde todo lo mío es tuyo…

Fue una convivencia agradable, salieron contentos y pidiendo que se repitiera.

Cooperativa de ahorro y crédito

La sangría de los usureros fue una realidad que me golpeó. Un señor me pidió una colita, no lo conocía, pero le abrí la puerta del carrito y, tras sentarse y arrancar, le pregunté:

—¿Qué le trae por estos pagos?

—Me dedico a prestar dinero…

Debió ver mi rostro, porque añadió:

—Padrecito, si usted me da mil bolívares, en unos meses se los doblo.

—¿Qué?

—Que usted me hace un depósito de mil bolos y pocos meses después tenemos dos mil.

—No los poseo, pero ¿cómo haríamos para ganar tanta plata?

—Muy fácil, los presto al veinticinco por ciento mensual.

—¿Pero así de loca está la gente, para aceptar tamaño empeño?

—Usted no sabe: loca y en momentos desesperada. Si usted se dedicara a esto comprobaría que cuando se les niega un préstamo, hay personas que suplican e imploran hasta de rodillas. Doña hubo que cuando accedí a concederle lo que pedía me besó las manos y llegó a decir: «¡Qué bueno es usted, si se me parece al mismísimo José Gregorio Hernández!»[12].

Conversación que no la olvidé, y dándole vueltas oí que los jesuitas habían fundado cooperativas de ahorro y crédito. Me informé y la teoría me gustó, mas ¿cómo aterrizarla?

Con unas personas interesadas de la parroquia nos movimos y conseguimos que uno de los jesuitas, impuestos en la materia, se desplazara a Cumanacoa. Lo anuncié e hice propaganda para que asistieran. La primera noche llovía a cántaros, no obstante, asistimos cuarenta y tres personas. Después llegaron doce más. Por ello, el último día de las charlas formativas arrancó la Cooperativa de Ahorro y Crédito con cincuenta y cinco socios. Todo estaba en el título: «ahorro y crédito». Proclamaba que había que ahorrar, para dar créditos. Y que, para ahorrar, había que comprometerse con el ingreso periódico de una cantidad, por pequeña que

---

[12]   José Gregorio Hernández es conocido como el «médico de los pobres». Nació el 26 de octubre de 1864. Estudió Medicina en Caracas, con tanto éxito que el presidente de la nación lo envió a estudiar microscopía, histología normal, patología y fisiología experimental en París. A su vuelta trabajó como profesor en la Universidad Central de Caracas. Quiso ser monje de clausura y se marchó a Italia. Entró en la Cartuja de Farneta con el nombre de hermano Marcelo. Sin embargo, algunos meses después enfermó y su superior le ordenó volver a Venezuela para recuperarse. Después de otro intento, en el que de nuevo volvió a enfermar, comprendió que Dios no lo quería de monje. Se convirtió, entonces, en un católico ejemplar sirviendo al Señor en los enfermos. Además de la investigación y las clases como profesor, dedicaba dos horas diarias a los enfermos, especialmente a los más pobres. Un día, mientras cruzaba la calle con el fin de comprar medicinas para una anciana muy pobre, fue atropellado por un coche y falleció el 29 de junio de 1919. Tenía cincuenta y cuatro años. Fue beatificado el 30 de abril del 2021 en Caracas, en la Iglesia del Colegio de la Salle, y canonizado el 19 de octubre de 2025 en Roma.

fuese. Lo cierto es que la última noche de la presentación se hizo una colecta, echó a andar y se le puso el nombre: Cooperativa de Ahorro y Crédito, Amigos de Cumanacoa.

Pasaron meses, y cuando se iba a cumplir su primer año, se organizó un encuentro con todos los socios bajo el título Asociación Cooperativa de Ahorro y Crédito, Amigos de Cumanacoa. Y me encargaron presentar una pequeña memoria, que concluí así:

«El 15 de octubre de 1971: cincuenta y cinco cooperativistas decidieron luchar por el cooperativismo en el Distrito Montes. Se hizo una colecta que alcanzó la cifra de trescientos veintinueve bolívares. Hoy, 30 de septiembre de 1972, los socios de nuestra cooperativa somos ciento sesenta y dos, con unos ahorros de veintiún mil ciento veintiocho bolívares, con los que hemos otorgado cuarenta y ocho préstamos por un monto de dieciocho mil trescientos cuarenta bolívares».

En aquella fecha el bolívar estaba, al cambio oficial, por encima de las catorce pesetas, por lo que el monto de los préstamos superaba las doscientas cincuenta y seis mil pesetas en el comienzo de la década de los setenta, del siglo XX, en Venezuela.

Y concluí la presentación diciendo:

«La semilla ha prendido, la llama es pequeña, pero el árbol lleva la hoguera en su vientre. Todo depende de los hijos del Distrito Montes».

Antonio Rubio en Cumanacoa

Desde 1955, año en que llegaron don Juan López Albanés y don Alfonso Rosales Trujillo,[13] los sacerdotes de Málaga habían permanecido al frente del Seminario Menor de Cumaná. Y dado que en 1968 la diócesis tenía sacerdotes preparados, el seminario pasó a manos del clero nativo, con lo que Málaga había cumplido su misión. Motivo de alegría para Cumaná y para nosotros. Pero tras divulgarse que Málaga dejaba el seminario de Cumaná, el obispo de Guanare escribió a don Emilio Benavent solicitando que Málaga se hiciese cargo del Seminario Menor de su diócesis. Don Emilio pidió a don Antonio Rubio González que aceptara formar parte de los formadores del seminario de Guanare. Los formadores serían: don Amalio Horrillo, don Miguel Rojo y él, por eso, Antonio Olmedo y yo lo llevamos a su nuevo destino. La distancia era considerable: ochocientos cincuenta y dos kilómetros, pero Antonio se lo merecía y pasamos unos días con don Amalio y Miguel Rojo.

Y en Guanare, una noche tras la cena, salimos los cinco a tomar un helado. Nos sentamos en una mesa a la puerta de

---

[13] Los dos primeros sacerdotes enviados a Venezuela —Ciudad Bolívar— fueron don José María Campos Giles y don Rafael Pérez Madueño, en diciembre de 1954, año Mariano. La historia de la misión de los sacerdotes de Málaga en Venezuela la recogí en el libro *1954-2004, cincuenta años de cooperación entre las Diócesis de Málaga y Venezuela*.

la heladería. Charlábamos a gusto, y, de pronto, Miguel Rojo se puso a rememorar las misas flamencas que él había introducido en Málaga, y, con el duende que poseía, comenzó a tararear los «palos» que mejor podían expresar las distintas partes de la liturgia eucarística. Concluida su introducción, arrancó a cantar a plena voz: la noche quedó prendada, el tiempo se detuvo y los transeúntes dejaron de serlo.

Desde aquellos días yo no veía a Antonio Rubio, y, como él acababa de pasar unas vacaciones en su Mollina natal, me extrañó su visita, así que le pregunté:

—¿Qué te pasa?

—Que no quiero vivir solo. El compañero con el que he convivido en Guanare —mientras yo estaba de vacaciones— ha dejado el ministerio. Y yo, antes de quedarme solo, me vuelvo para Málaga.

Me sorprendió, pues sabía que había sido administrador diocesano y que estaba trabajando muy bien en el mundo rural. Por lo que dije:

—¿Marcharte, recién vuelto de vacaciones? Si te pudieras quedar conmigo, ¿te quedarías?

—Desde luego.

—Entonces, ¿por qué no hablamos con monseñor?

Y eso hicimos. Monseñor, tan generoso y necesitado, abrió las manos con alegría y lo recibió.

Y yo tuve la gran suerte, en mi último año en Venezuela, de vivir con Antonio y compartir con él trabajos, esfuerzos, gozos y penas. Una gracia.

Él sabía que, al final del curso, yo volvería a Málaga, pues don Ángel Suquía me lo había propuesto, por lo que se quedaría solo.

Él se adaptó perfectamente al Distrito Montes.

Y cuando faltaban pocos días para mi marcha, me llegó una carta de don Ángel anunciando que lo habían nombrado arzobispo de Santiago de Compostela y que dejaba mi caso en manos del nuevo obispo de Málaga. Así que salí de Venezuela con mi futuro en el aire. A Antonio le entregué mi coche y mis cosas. Y partí con la duda a cuestas...

ETAPA INTERVALO

En el León XIII

El 2 de agosto de 1973, tras casi seis años en Venezuela, llegué a casa de mis padres en Antequera. Al día siguiente me llamaron desde el obispado diciendo: «El señor obispo quiere verte con urgencia». Marché a Málaga y el nuevo obispo me dijo que mantenía la propuesta de don Ángel Suquía, pero que, en lugar de París, como decía don Ángel, adonde quería que yo fuese era al Instituto Superior de Pastoral de Madrid.

Mientras esperaba, escribí a monseñor Mariano José Parra, obispo de Cumaná, informándole de mi situación. No mucho después me llegó de él la siguiente carta:

Cumaná, 8 de septiembre de 1973
Sr. Pbro.
Lorenzo Orellana H.
Barriada Estación-Refinería Antequera (Málaga)

Muy querido padre Lorenzo:
Aunque temía su carta, sin embargo, me alegré cuando, antes de abrirla, me di cuenta de que era de usted. Y la temía, porque sabía que en esa carta me llegaba o una buena o una mala noticia. Y me llegó mala. No porque no desee que se supere en su formación. No. Me alegra que lo haga, porque usted es joven, tiene «madera» para prepararse bien

y es muy justo que la diócesis quiera tener en usted a un sacerdote bien preparado para servicio del Pueblo de Dios. Sencillamente, porque sabía que esos estudios en Madrid significaban que la diócesis de Cumaná lo perdía, aunque tengo la firme esperanza de que no será para siempre.

Me conoce. Soy poco amigo de halagar. Pero, la verdad es que siento la ida de usted. La diócesis contaba con un buen sacerdote: sincero, entusiasta, trabajador y excelente amigo. Las carcajadas de usted alegraban nuestras reuniones y nos alentaban a continuar esta lucha que, bien sabe, no es nada suave.

Pasado mañana comenzaremos los ejercicios en Cocollar. Lo echaremos mucho de menos: para las discusiones, los proyectos, los ratos de esparcimiento. Pediré al Señor por usted, por sus estudios y porque algún día lo tengamos nuevamente entre nosotros.

Todo marcha bien por esta tierra del Manzanares, que no es el de Madrid. Tenemos ya un mes sin recibir anónimos, lo cual significa un gran progreso, y la voluntad está firme para el trabajo y la lucha que Dios quiera permitir en sus amorosos designios.

Mil gracias por todo el bien que hizo a esta diócesis. Pido al Señor que le pague con creces, como solo Él sabe hacerlo.

Le agradezco cuanto pueda hacer ante don Ramón para que no solo permita que sacerdotes malagueños vengan a trabajar a esta diócesis, sino para que él se interese de verdad en conquistar a algunos. La diócesis de Cumaná, hoy, como ayer, tiene sus puertas abiertas para ustedes. Y la Península de Paria los está esperando…

He recomendado a Josefita que le envíe el Boletín de la Diócesis, no sé si a Antequera o a Madrid. Espero me avise de la dirección.

Muchos y afectuosos saludos para los sacerdotes conocidos, como: Calvo, Alarcón, García Rosado, el gran Rojo, Horrillo, González Santiago.

Con mis mejores votos por su bienestar personal reciba un afectuoso abrazo de quien lo estima de verdad y agradece su amistad y cooperación de varios años,

P. D.: El próximo domingo 23 cumplo cuarenta años de sacerdocio. ¡Una bicoca! Lástima que, a la hora del balance, no me siento satisfecho de lo que Dios esperaba de mí; pero ¿qué podemos hacer los humanos? Espero me recuerde en la misa de ese día, y brinde un jerez por este obispo que de verdad lo quiere. Un cordial saludo para su papá, mamá y hermanos… que Dios los conserve.

Y le contesté antes de marchar a Madrid.

Es verdad que a mí el cambio me costó, sobre todo al principio, pero tengo la suerte de hacerme a los nuevos destinos más pronto que tarde.

El 2 de octubre tuvimos la apertura del curso. Me agradó el breve momento de oración dirigido por don Luis Maldonado y las intervenciones de don Fernando Sebastián y don Juan de Dios Martín Velasco.

Pero me ocurrió algo inesperado: a los pocos días de mi estancia en Madrid comencé a sudar de manera alarmante, especialmente por las manos. Tomaba apuntes y la tinta del bolígrafo parecía naufragar. No tuve más remedio que visitar al médico de los residentes, quien me mandó unos análisis e indicó la clínica que debía hacérmelos. Lo cierto es que me los hice en la Mutual del Clero que, en ese momento, no me costaba dinero. Cuando se los llevé, el doctor mostró su desagrado. Paciencia.

Mi mayor contrariedad, sin embargo, fue comprobar, con sorpresa, que las comidas no entraban en la pensión que me pagaba la diócesis. La cocina del Pío XII-León XIII había pasado a una empresa que instaló un autoservicio, por lo que había que ponerse en cola, recoger la comida y pagarla. En Málaga, creo que no sabían nada de esto, pero lo cierto es que comenzó a agonizar el escaso dinero que poseía. Llamé al obispado y el administrador me dijo que, para pagarme la comida, tenía que presentarle los tiques. Pero ¿cómo los iba a presentar, cuando no tenía dinero para abonarlos? La tentación de volverme a Málaga y abandonar los estudios fue seria. Gracias a Dios me acordé de don José Antonio Muñoz Rojas, quien vivía en Madrid, y fui a verlo. Le conté mi problema y me entregó veinte mil pesetas. Me salvó, pues tuve para pagar las comidas, comprar los libros de texto y otras necesidades durante ese primer trimestre…

Apuntes de un pequeño diario (3)

20 DE OCTUBRE DE 1973

Mi hermana Amalia y su esposo han venido a Madrid: Pedro necesitaba una intervención y ayer por la noche lo operaron. Durante la operación, Amalia y yo esperamos sentados en unos escalones que llevaban a la zona de los quirófanos. «Todo ha salido bien», dijo el cirujano.

Esta tarde he ido a verlos a la clínica.

15 DE DICIEMBRE

Juan de Dios Martín Velasco me ha invitado a la misa que celebra en Alcalá de Henares para niños de padres emigrantes.

—¿Emigrantes?

—Sí, niños de padres que han emigrado sin poder llevarse a los hijos con ellos. Y en ese trance han encontrado ayuda en la Iglesia.

Para mí ha sido una gozada contemplar la sencillez y la naturalidad con la que un sabio como Juan de Dios fue recibido por aquellos pequeños que lo abrazaban, le tiraban de la manga y repetían: «¡Vienen en Navidad! ¡Vienen en Navidad!»

Y ante aquellos rostros superfelices, descubrí, en carne viva, la enorme alegría de la esperanza. También se me acercaron repitiendo: «¡Vienen en Navidad! ¡Vienen, vienen!».

—¿Quiénes? —pregunté.

— ¡¡Sus padres!!

Y el gozo irradiaba en sus rostros. Inolvidable.

21 DE DICIEMBRE

Ayer por la mañana, cuando salía del León XIII para iniciar las vacaciones llegaba Martín Velasco con rostro preocupado. Lo saludé y dijo:

—Algo grande acaba de suceder en Madrid. Hay rumores para todos los gustos, aunque lo único que parece cierto es que han asesinado a alguien del gobierno.

Me quedé intranquilo, el taxi aguardaba y me despedí de Juan de Dios deseándole Feliz Navidad.

El taxista cargó la maleta y en todo el trayecto no dijo ni pío. En la estación reinaba la tiranía de un silencio impuesto. Las miradas desconfiadas, parecían extrañas. Antes de ascender al vagón alguien gritó: «¡Hijos de puta!» Y el aire golpeó el ánimo de los que esperábamos. Subí al vagón y el personal aparentaba otro talante, hasta que una voz gritó:

—¡Han asesinado a Carrero Blanco!

Y el ambiente se cargó de rabia y estupor.

4 DE ENERO DE 1974, ANTEQUERA

He ido al obispado y me han solucionado lo de las comidas a partir de este mes. ¡Loado seas, mi Señor!

Instituto de Pastoral

Pasados Reyes, de nuevo en el instituto. Los estudios encajando. El cambio me costó: había vivido en Venezuela casi sin libros y con poco tiempo para leer, pero, poco a poco, me he ido acoplando al ritmo de clases y estudio, y mi ánimo comenzó a ser otro...

Es verdad que del instituto esperaba algo nuevo. Su nombre me resultaba sugerente, pero las clases me recordaron los años de teología en el seminario y sufrí un cierto desencanto. Imaginaba que el estudio de la teología, en un instituto de pastoral, exploraría los caminos que consolidaran la experiencia personal y comunitaria de la fe. «Solo así —me decía— se podría ayudar a la pastoral de las personas y a las parroquias a vivir como cristianos y comunidades misioneras».

Por eso, cuando en la biblioteca del centro encontré esta afirmación de K. Rahner sobre la Teología Espiritual: «Una disciplina teológica autónoma, como ciencia de la autorrealización de la Iglesia», me dije: «Esto es lo que yo esperaba: un tiempo de estudio orientado al servicio de la realización de la Iglesia».

Sabía que mi expectativa podía ser ingenua, por lo que durante unos días releí las cartas a los corintios en las que Pablo se pregunta: «¿Qué somos?», y responde: «*Servidores a través de los cuales accedisteis a la fe».*[14] Servidores. Actitud que deseo para mí. Actitud al servicio de la persona y de la fe. Actitud que comienza con la acogida, ya que sin ella no se consigue el encuentro imprescindible para la comunicación y creación de comunidades vivas. Y me repetí con san Pablo: *«Que la gente vea en nosotros servidores de Cristo y administradores de los misterios de Dios».*[15] Y releí que Pablo vivió ese servicio con hambre, sed y falta de ropa, en una vida sin descanso, con insultos, persecución, calumnias, bofetadas y azotes… Hasta llegar a decir que fue tratado *«como basura».*[16]

Y todo para crear comunidades, porque *«la autoridad que nos dio el Señor solo es para construir la comunidad».*[17] Comunidad en la que las personas no son números, ya que, a cada uno, lo quería como a un hijo que había engendrado en Cristo. Y ello, a pesar de que en sus comunidades había personas con graves problemas y pecados…

No ignoro que el mejor servicio que podemos ofrecer a cada persona es el del amor, como decía el apóstol. El amor que acoge e ilumina la esperanza, porque el amor es *«el camino más excelente».*[18] Por lo que recordé la *Lumen Gentium*, cuando afirma: «Cristo, el único Mediador, instituyó y mantiene continuamente en la tierra a su Iglesia santa, comunidad de fe, esperanza y caridad, como un todo visible, comunicando

---

[14]   1 Cor 3, 5.
[15]   *Ibidem* 4, 1.
[16]   *Ibidem* 4, 13 y 2 Cor 13, 23s.
[17]   2 Cor 10, 8.
[18]   1 Cor 13,13.

mediante ella la verdad y la gracia a todos» (n. 8). A todos, porque, como anuncia el inicio de *Gaudium et Spes*: «Los gozos y las esperanzas, las tristezas y las angustias de los hombres de nuestro tiempo, sobre todo de los pobres y de cuantos sufren, son a la vez gozos y esperanzas, tristezas y angustias de los discípulos de Cristo. Nada hay verdaderamente humano que no encuentre eco en su corazón. La comunidad cristiana está integrada por hombres que, reunidos en Cristo, son guiados por el Espíritu Santo en su peregrinar hacia el reino del Padre y han recibido la buena nueva de la salvación para comunicarla a todos. La Iglesia por ello se siente íntima y realmente solidaria del género humano y de su historia».

Comunidad solidaria e íntima que comunica la verdad y la gracia a todos —sin excepción— para que *«el nombre de nuestro Señor Jesucristo sea glorificado en vosotros y vosotros en él»*,[19] nos recuerda Pablo.

No obstante, con el tiempo, mi estancia en el instituto me fue descubriendo materias y profesores muy interesantes. Sobre todos Juan de Dios Martín Velasco, quien me dejó una huella imborrable, ya que ofrecía los conocimientos con tal sabiduría y claridad que resultaban un gran regalo, pues iluminaba cuanto decía… Aunque después, cuando uno iba a su libro de Fenomenología, el gozo descendía quilates.

También me sirvieron las clases de Marciano Vidal, Burgaleta, Ángel González y Antonio Cañizares. Con este último hice un trabajo que se leyó. Gracias.

---

[19] 2 Tes 1, 12.

Apuntes de un pequeño diario (4)

25 FEBRERO 1974, MADRID

Acabo de recibir una carta de Enrique Molina, donde me muestra su cariño y «lee la cartilla» —en el mejor de los sentidos—, pues tras decirme que al fin he dado señales de vida, me pregunta:

> *Quisiéramos saber más de tu vida cotidiana, de tus quehaceres, ¿qué estudias? ¿Con quién convives? ¿Has reencontrado algún buen amigo? ¿Cómo te resultan intelectualmente los estudios? ¿Qué finalidad piensas darle (o quieren que les des)? ¿Qué vida haces en Madrid? Esto es un cuestionario apabullante, pero nos ayudaría a situarte y a comprenderte mejor. Y, a fin de cuentas, la vida sobrenatural se hace con la vida natural, y esta última con la vida (en minúscula) de todos los días.*

Después pasa a hablar de la publicación de su libro del que dice:

> *La censura se ha cargado dos poemas. ¡Viva la libertad!*

Y concluye:

Saludos y abrazos a quien quieras... Y no tardes tanto en escribir. Si no guardamos, cuidamos y mimamos amistades como la nuestra, ¿qué puñeta podemos hacer? Un fuerte abrazo de tus amigos.

¡Qué verdad!, dice Enrique: «La vida sobrenatural se hace con la vida natural, y esta última con la vida (en minúscula) de todos los días».

Por ello, la vida espiritual se encarna en la vida de cada día. Teilhard de Chardin decía: «No somos seres humanos en un viaje espiritual. Somos seres espirituales en un viaje humano».

Y Charles Peguy:

Porque lo sobrenatural es carnal,
y el árbol de la Gracia tiene raíces profundas
y ahonda en el suelo y busca hasta el fondo,
y el árbol de la raza es eterno.
Sí, yo creo que «el árbol de la Gracia tiene raíces profundas».

En 1962 se hizo una encuesta a las religiosas de clausura de Francia. Las respuestas de las religiosas llevaron al gran novelista F. Mauriac a confesar que esas religiosas sabían más del pecado que sus personajes. Una de ellas se explicaba así:

Un día, me enfrenté al pecado en toda su desnudez. La cuestión de perdonar se planteó nítida. Era el mismo hecho de perdonar, lo que me sublevaba: consentir en olvidar todo, el no tener ya nunca nada en el corazón. No eran los actos que tenía que realizar para conseguirlo lo que me sublevaba, Dios no me los pedía entonces. Él solo me mostraba y muy claramente, hasta donde quería que fuese, y que consintiese en ir hasta allí. Todo mi ser respondía no; el pensamiento del sí me era intolerable. Entonces comprendí, casi físicamente, lo que era el pecado: decir no a Dios. Estaba bordeando el infierno, pero prefería el infierno antes que decir sí. Y, además, me estaba dando vueltas en la cabeza esta frasecita: «Amad, a vuestros enemigos, para que seáis como los hijos de vuestro Padre…». Dije sí, conscientemente. En aquella hora, que no fue larga, lo escogí, en contra de mí, porque tenía la impresión de que, al decir sí, me ahogaba y que renunciaba a ser yo: «El que quiera venir en pos de mí que se niegue a sí mismo». Ahora, cuando lo pienso, no siento amargura ni nada de eso, sino alegría y reconocimiento hacia Dios, que consiguió eso de mí. Es curiosa la libertad.

¡Qué bien lo describió Peguy!:

Porque lo sobrenatural es carnal,
y el árbol de la Gracia tiene raíces profundas
y ahonda en el suelo y busca hasta el fondo…

He ahí la Gracia, presencia y compañía en el viaje de la vida. He ahí el espíritu que unifica cuerpo y alma en el ser que somos.

Por ello, la «pastoral» debería escuchar la totalidad de los latidos de las personas e iluminarlos con la alegría del Espíritu de Dios, que nos habita y ama.

22 DE MARZO

Ayer vino al León XIII don Ramón Buxarráis con don Francisco Parrilla. Don Ramón quería hablar conmigo, y, sin más preámbulos, me dijo que deseaba que me fuera a Melilla, pues se lo habían pedido los sacerdotes de aquella ciudad. Me extrañó, pues creo que de aquellos sacerdotes solo me conoce uno. Aunque si mi obispo había venido —fuera para lo que fuese— y lo aprovechó para anunciarme el cambio, es porque le importaba. Así que, sin más, le dije:

—¿Cuándo me voy?

—Cuando termine el curso.

—¿De qué iré?

—De arcipreste y párroco del Sagrado Corazón de Jesús. ¿Conoces Melilla?

—De oídas.

Y eso fue todo.

Es verdad que me sabe mal no quedarme otro curso y sacar la licenciatura. En fin, me he acordado de Isaías 55, 8-9:

Porque no son mis pensamientos vuestros pensamientos, ni vuestros caminos son mis caminos —oráculo de Yahveh—. Porque cuanto aventajan los cielos a la tierra, así aventajan mis caminos a los vuestros y mis pensamientos a los vuestros.

Pero tras su visita se me ha instalado en el cuerpo una persistente y rara inquietud. Y me he acordado de aquellas dos palabras que repiten en Venezuela: «¡Bueno, pues!» Y ello, porque creo que lo inimaginable acontecerá, pues si hasta ahora me he dejado llevar por la obediencia y el Espíritu ha escrito con mi ayuda sus páginas, él no fallará. Por lo que solo me queda añadir: «¡Bueno pues, lo que tú quieras, Señor!».

21 DE MAYO

Acabo de recibir una carta de Orlando Yegres. Él y Luisito fueron dos jóvenes que me acompañaron y ayudaron cuando me quedé solo en la parroquia de Cumanacoa. Su carta dice:

Cumanacoa, 13 mayo, 1974
Sr. D. Lorenzo Orellana
Madrid

Apreciado y recordado amigo:
Al recibo de esta espero que esté gozando de perfecta salud.

Usted dirá que ya era hora de que yo le contestara a la última carta suya con fecha del 20 de febrero.

La verdad es que he sido un vagabundo. Han ocurrido muchas cosas que debía haberle contado y no lo he hecho.

La primera, que me casé el domingo de Ramos, ya antes lo había hecho por lo civil. Sentí de verdad el que usted no estuviera con nosotros, pero el padre Antonio, que es un pedazo de pan, nos acompañó.

Siguiendo sus consejos que siempre me han servido de mucho y, además, el consejo del grupo al cual pertenecemos, fuimos a hablar con el doctor Ortiz[20] que estaba en esa oportunidad en Cocollar de reposo. Le informamos del matrimonio y se puso muy alegre… Ha estado muy enfermo. Ya está mejor. Nosotros vamos casi siempre a verlo. […].

Padre yo sigo en el liceo con las clasecitas y dos veces en semana voy a las clases de la universidad. Acomodé el horario de la universidad a los lunes y miércoles por la tarde.

Estamos viviendo en calle Miranda, 19. La casa es de Arquímedes, quien nos la vende por ocho mil bolívares. Yo apenas tengo ahorrados en la cooperativa mil quinientos, pero si sigo en el liceo —digo si sigo— porque los adecos (partido político de Acción Democrática) están quitando a todo el mundo para acomodar a su gente. Bueno, si continúo en el liceo, compraré la casita, que es muy cómoda.

---

[20]   Don Carlos Ortiz, médico jefe del hospital de Cumanacoa, fue quien nos prestó su buen coche para llevar a Antonio Rubio a Guanare. A él y a Luz, su esposa, les estoy muy agradecido. Aún conservo una fotografía en la que estamos con don Ángel Suquía el día que cenamos en su casa.

Al padre Antonio le hemos invitado varias veces a comer con nosotros, se siente con mucha confianza y dice que está también en su casa. A mí eso me alegra mucho.

La casa parroquial sigue siendo mi casa, todavía conservo la llave que usted me dio, y me voy allí, acompaño al cura y ayudo en lo que puedo.

Ojalá, padre, estuviera usted por aquí, sería muy distinto. El padre está solo para todo, y aunque nosotros tratamos de ayudarlo no es suficiente, usted conoce muy bien esto y sabe lo extenso de la parroquia.

Bueno, mi querido amigo, quizás haya sido cansón, pero es que quería contarle las alegrías y las cosas que han pasado, no le quito más tiempo que a lo mejor tiene que estudiar y lo pueden «raspar».

No deje de mandar unas líneas.

América le manda saludos.

Su amigo que lo recuerda.

Orlando

7 DE ABRIL

A finales de marzo he dado Ejercicios Espirituales a un grupo de alumnas de las Teresianas.

Acabo de recibir una carta de Antonio Rubio. Me cuenta:

Contesto a la tuya. Me parece bien la decisión de irte a Melilla, no sabía que el reuma te había pegado, tal vez el clima de Melilla te siente bien y te encuentres a gusto...

Me hubiera gustado que te vinieras para acá, pero veo bien unos años de experiencia pastoral por allá...

Me gustaría estar contigo. Te echo mucho de menos y es raro el día que no te nombro. Por muy integrado que esté el grupo, por muy buenos amigos que uno tenga en la parroquia, siempre se necesita el compañero con el que se puede hablar de muchas cosas que no se pueden conversar con otros... Veo que no estás cumpliendo lo que me decías: «si veo que los estudios no merecen la pena o no me va bien me vengo otra vez contigo». Tú ves las cosas, ahora, de distinta manera que en el pasado... No es la necesidad de un compañero cualquiera, es la amistad lo que echo de menos...

Siento la soledad del compañero y amigo. Santa María, ruego por él.

CUARTA ETAPA: EN MELILLA

Llegada

A mediados de agosto de 1974, estando en Antequera, me llamó don Salvador, vicario episcopal y párroco del Sagrado Corazón de Jesús de Melilla. Yo pensaba que sería para hablarme de la parroquia o de la ciudad (que yo desconocía), pero me pidió que me marchase cuanto antes para allá. Quedé mudo. Añadió que necesitaba descansar. Me extrañó, pues los cambios o tomas de posesión de las parroquias se realizan a partir de agosto, pero ante su insistencia acordé ir cuanto antes.

Pocos días después llegué en barco. Nada más poner pie en Melilla me dijeron que don Salvador se había marchado de vacaciones. Así que me vi en la casa parroquial, más solo que la una, con una caja de cartón llena de llaves.

Aquella noche extrañé la habitación, la cama, los ruidos y el aire que respiraba. Mal dormí. Antes de las seis me había levantado. Y tras el aseo, pasé a la Iglesia por la puerta que se comunica con la vivienda. Entré y tuve la sensación de un profundo y altísimo silencio. Alcé la vista y descubrí altares e imágenes. «Los santos son espejos» —dije— y me detuve ante la primera talla: un gran Cristo que, en la más atroz de las muertes, transmitía paz. Me incliné en actitud de reverencia y le abrí mi corazón agradecido… Alcé la cabeza, miré al Cristo, le sonreí y avancé despacio por la nave de la epístola, intentando orar con todo mi ser…

Orar con el cuerpo concentra y ayuda, así que me deslicé como si cada paso fuese una alabanza. Pasé a la gran nave central, y, en una altísima hornacina, descubrí un Corazón de Jesús que dirigía la mano hacia su sangrante costado. Sentí gratitud y dije: «Señor, cuando te das, hasta la misma fuente de tu amor entregas».

Y recordé que santa Margarita María de Alacoque había dicho que del Sagrado Corazón brotaban tres arroyos: «el de la misericordia, el de la caridad y el de la luz. El primero, para los alejados; para los que se convierten, el segundo; y el último, para los cercanos». Y me pregunté: «¿Cuál es el mío?». Entrecerré los ojos y creí encontrarme en los tres al mismo tiempo…

Me detuve ante el presbiterio y miré hacia el altar y el ambón: las mesas del pan y la palabra, e hice una lenta y profunda reverencia. El cuerpo ayuda tanto, que en un pequeño gesto cabe la más bella confesión de fe. Y me santigüé: «En el nombre del Padre, del Hijo y del Espíritu Santo».

En la nave del Evangelio encontré la capilla del sagrario, una pieza cuadrada con esta inscripción: «Venid a mí todos los que estáis cansados y agobiados». Bajé la cabeza y me arrodillé como si quisiera hacerme pura adoración, conocimiento silencioso y oblativo con quien habita en el sagrario… Cuando me levanté comencé a repetir: «¡Señor Jesús, ten misericordia de mí!». Elevé los brazos buscando hacerme uno con el amor del Padre, por lo que inicié el Padrenuestro: «Padre nuestro que estás en el cielo». Y pensé: «Señor, tú que estás en el inimaginable cielo, has roto el molde, pues dijiste: «Te doy gracias, Padre, Señor del cielo y de la tierra, porque has escondido estas cosas a los sabios y entendidos, y se las has revelado a los pequeños». ¡Ay, mi Señor, Dios de los pequeños! Tu cielo está donde tú te encuentras, y he aquí que has querido vivir en los pobres, en los que sufren y no cuentan, ya que dijiste: «quien acoge a un niño pequeño, a mí me acoge, y quien a mí me acoge, acoge al que me ha enviado». Y proseguí, lentamente, recitando y contemplando cada una de las peticiones de la oración que nos enseñó el Señor. Tras el amén, palabra que es la aceptación de toda oración, me pareció escuchar: «El Padrenuestro es la mejor síntesis de la predicación del Maestro. Es la escala por la que Él descendió desde el *Abba* hasta la más terrible de las realidades, *el mal*. Por ello nos señala el camino que asciende desde el mal y la tentación hasta el Reino». Y recordé que Tertuliano lo llamaba *Breviarium totius evangelii*, resumen de todo el evangelio. Y al tiempo que hacía la genuflexión, repetí: «Amén».

Después me dirigí hacia la salida, dispuesto a abrir, por vez primera, la puerta de mi nuevo templo parroquial. La que debía ser siempre anticipo y acogida. La abrí con respeto. Y recordé que conocer una feligresía es siempre una empresa lenta, ya que exige salir al descampado en busca de la oveja perdida. «La gramática del conocimiento, encarnación se llama», dije en voz alta.

Por eso, cuando me disponía a dar mis primeros pasos por la ciudad, exclamé: «Inicio del santo conocimiento que ha de llevarme al amor de este pueblo». Y aunque al salir de los templos no tenía la costumbre de santiguarme, este, mi primer día, lo hice. Y me pareció que iniciaba una extraña y grandiosa misa. Así que me dije: «Lorenzo, tu vida también es una misa, como la de cada persona, pues todos erramos y debemos corregirnos; pecamos y nos realizamos en el perdón; nos entregamos y somos acogidos en el maravilloso milagro de la palabra y el amor. ¡Ay! Todos debemos ser ofrenda, presencia y comunión. Todos deberíamos estar preparados para recibir la gracia y la incomparable grandeza de la entrega y la gratitud, que se pone a nuestro alcance en cada eucaristía».

Bajé los pocos peldaños que salvan el templo del Sagrado Corazón de la plaza y noté el aire húmedo: «El mar debe andar cerca», dije.

Eran las siete y veinte de la mañana. La luz comenzaba a aclararse. Y la avenida, amplia y coqueta, me condujo a una gran plaza redonda. La atravesé y me encontré ante el puerto. Aceleré el paso y tuve una extraña sensación: sentí el alivio de quien satisface la secreta necesidad de volver al lugar de los comienzos. «¡Ah —me dije— por aquí llegué ayer!».

Y recordé el viaje y el desgarro que me produjo, nada más despegar del puerto, ver cómo se empequeñecían las altísimas grúas, la Manquita, Gibralfaro y la entera «ciudad del paraíso», para transformarse todo en una débil línea borrosa e invisible… Y me golpeó el recuerdo de la tarde, sentado en una hamaca de madera, ante el insaciable horizonte marino; y el deambular de los pasajeros por la cubierta; y el desencanto en el rostro de los quintos… Y pensé: «¿Por qué los permisos serán siempre tan cortos? ¿Iré yo hacia otro cuartel?» Y no pude evitar acordarme de las ocho horas del vuelo a Venezuela, y de mi estancia entre aquellas magníficas personas… Hasta que, de pronto, advertí que la cubierta del barco se iba llenando de pasajeros: se divisaba la tierra de África, aunque lo que yo veía no era el esplendor exuberante del verde tropical, sino una línea parda y seca… Cuando, al fin, enfilamos hacia el puerto, descubrí una mancha que se iba perfilando en cuerpos, brazos, rostros y sonrisas… Un cierto desencanto me embargó: ninguna de aquellas bienvenidas era para mí…

Volví en mí, alcé la vista y vi el morro, aspiré la humedad del mar, miré el reloj y volví sobre mis pasos. Al cruzar de nuevo la gran plaza me sorprendió su exacta belleza. Observé el monumento central coronado por una figura que no sabía si arrancar el vuelo o rematar la llegada. «Quizá esta plaza sea una síntesis de la ciudad» —me dije—. Y deseé comulgar con la majestad del mar y el empuje del morro; con la carretera que avanzaba hasta perderse y el parque que se asomaba como un reclamo; con las calles abiertas al paso de sus hijos y los edificios que cercaban la plaza. Y giré contemplando la cóncava fachada del ayuntamiento, hasta que, de pronto, se me hizo presente el peso de los siglos tatuado en la piedra de los torreones, murallas y almenas de la «muy antigua y leal ciudad de Melilla», e intuí que vivir aquí exigirá comulgar con su historia. Y me dije: «Esta arquitectura, seguro que tiene un valor casi hipostático, pero ¿cómo serán los herederos de esta tierra?» Y recordé que ser párroco era levantarse cada mañana preocupado por las personas. Nuestra ocupación no son los negocios ni las tierras ni los animales, sino las personas. Ellas deben ser la causa de nuestros desvelos…

Por ello, mientras volvía hacia la parroquia me dije: «Las esperas en oración fortalecen el espíritu y aclaran la mente». E inicié el santo rosario: «primer misterio, la Encarnación del Hijo de Dios en las entrañas de María Santísima».

Sor Alegría

Los nombres de algunas calles de Melilla llamaron desde el principio mi atención: Sor Alegría, Callejón del Moro, Padre Lerchundi, Ataque Seco, Abdel Kader, etc. Pregunté por Sor Alegría y me contaron: «La Congregación de las Hermanas Franciscanas del Buen Consejo se estableció en Melilla en 1904. Y, poco después, a las primeras religiosas se les agregó una joven llamada sor María Alegría de Jesús».

También me dijeron que estas religiosas, durante la campaña militar de 1909, se hicieron cargo de los soldados heridos en los hospitales de Melilla. Y me buscaron un viejo periódico, *El Telegrama del Rif. Diario independiente de Melilla*, que el 14 de abril de 1910 había publicado esta reseña sobre sor Alegría:

> *Abnegada, sacrificada y valiente monja que se prestó de forma voluntaria y altruista, a que le extirparan tres trozos de piel de su brazo para practicarle un injerto a un soldado del Regimiento de Infantería de Saboya, núm. 6, don Gabriel Fernández González, el cual, había resultado gravemente herido en los combates que había participado el mencionado regimiento.*

Y en el mismo ejemplar se decía que en el *Diario Oficial del Ministerio de la Guerra* se había publicado lo siguiente:

*El Rey (q. D. g) ha tenido a bien conceder a la herma-
na religiosa del Buen Consejo, sor María Alegría de Jesús,
la cruz de primera clase del Mérito Militar, con distintivo
rojo, libre de gastos, por su distinguido comportamiento y
extraordinarios servicios prestados en los hospitales militares de Melilla durante la campaña.*

Por último, supe que, además de la Cruz del Mérito
Militar, se le había concedido la de Beneficencia, y que la
ciudad de Melilla le otorgó la Medalla de Oro y una calle
con su nombre: Sor Alegría.

Por eso, cada vez que paso por esta calle recuerdo la
Anunciación de la Virgen y me detengo en la palabra de
san Gabriel: *Chaire*, alégrate. Y yo saludo a la calle diciendo:
—Sor Alegría de Jesús, *Chaire*.

Apuntes de un pequeño diario (5)

6 DE SEPTIEMBRE 1974

Ayer escribí, por vez primera, una carta «quejica» al señor obispo. Transcribo lo encontrado del borrador que conservo:

Querido Sr. obispo:

Llevo quince días en la parroquia del Sagrado Cora-zón de Jesús de Melilla y aunque las primeras impresiones pueden ser imprecisas tengo necesidad de contárselas.

Lo primero que se me impone es que Melilla es el sitio menos indicado para quien vuelve de Venezuela. He pasado de mil doscientos kilómetros cuadrados, a una ciudad con trece kilómetros cuadrados, sitiada por el mar y la frontera. Apunto esto, porque cuando uno vuelve espera el contacto con los compañeros, y Melilla se encuentra en el sitio más apartado y peor comunicado de la diócesis. Quizá eso no tenga mucho valor, pero para mí, ahora, lo tiene.

También me ha dolido que usted me dijera que venía a Melilla «como arcipreste y párroco», y nada más llegar se me dice, aquí, que eso había cambiado y que el proarci-preste ya había sido nombrado. Yo nunca he pedido nada. Pero no acepto el juego oculto, pues me deja en el cuerpo la sospecha de que no soy de fiar… Deseo ser un peón en la diócesis, pero siempre que se me trate como tal.

A pesar de este desahogo no quiero que usted se preocupe, solo deseo que, si me manda algo, sepa que intentaré obedecer, pero, por favor, que no me lo acompañe del sí y del no al mismo tiempo.

Pasado mañana será el día de la Virgen de la Victoria, patrona de Málaga y Melilla, a ella me acojo.

Rece usted por mí.

Un abrazo.

12 DE SEPTIEMBRE

Acabo de recibir la respuesta de monseñor Buxarráis. Y me dice:

Querido Lorenzo:

He recibido tu carta en la que me cuentas algunas de tus impresiones.

No creo oportuno decirte por carta lo que espero poder charlar amigablemente contigo en mi próxima visita a Melilla. Solo te digo que te revistas de comprensión y pienses que tengo grandes esperanzas en tu persona, confiando en que por el testimonio de tu vida sencilla y entregada en aras de tu ministerio aportarás pequeñas soluciones a los problemas de Melilla.

Quiero adelantarte que, como habrás podido comprobar, Melilla tiene sacerdotes extraordinarios tanto del

clero secular como religioso. Lo irás viendo a medida que conozcas la entrega incondicional de muchos de ellos.
Hasta mi próxima, te saluda afectuosamente tu amigo.

Bueno, que mi obispo se despida firmando: «tu amigo» es un buen comienzo. Aunque no puedo olvidar a mis gentes de Cumanacoa y a don Mariano José Parra León. Me gustaría contemplar el verde de aquel valle y sus montañas. Mis ojos lo necesitan. Tanto, que ayer me fui al aeropuerto, me senté mirando el trozo de césped que se encuentra entre la pista y las dependencias. Mis ojos lo agradecieron[21].

Es verdad: «Somos seres espirituales en un viaje humano», Teilhard de Chardin sabía lo que decía, pero cómo pesa nuestra humanidad.

---

[21] Con el tiempo desapareció el pequeño parterre con césped, pues se agrandó la pista y las dependencias del aeropuerto.

Visita inesperada

Me encontraba en el despacho, cuando asomó por la puerta el chapiri de un soldado.

—¿Se puede?

—¡Adelante!

—Quiero hablar con usted.

—Pues siéntese y diga…

Se sentó, me miró y dijo:

—Yo no es que no crea: creo en Dios, en algo… En la Virgen, desde luego, no creo… En los curas tampoco.

Estaba nervioso. Me quedé mirándolo, pues se había quitado el chapiri; y no sabía dónde ponerlo. Se le cayó, y mientras se doblaba para recogerlo crujió alguna parte de su cuerpo. Cuando se elevó tras la mesa, le sonreí y esperé…

—Yo es que quiero hablar…

Volví a esperar y como no arrancaba dije:

—De acuerdo, ¿de qué desea hablar?

—Estoy solo, y no tengo con quien reunirme.

—Ah, ¿es que usted se reunía con algún grupo?

—¿Qué?

—Le pregunto si tenía o frecuentaba algún tipo de reuniones.

—Ah, no.

—¿De dónde es usted?

—De Madrid.

—¿De la capital?

—Sí, de uno de sus barrios. He trabajado de impresor durante siete años, desde los trece.

—¿En una imprenta?

—En artes gráficas. Pero yo no es que no crea, en Dios. Pero eso de que porque unos curas o unos libros te digan: «Esto es así…».

Mientras hablaba, colocó las manos como si fuesen dos pistolas con las que barría imaginariamente todo lo que había de un lado al otro de la mesa, diciendo: «¡catán, catán…!» Los mejores disparos iban dirigidos al centro donde yo estaba. Por fin, remató diciendo:

—¡Catán y catán! Se acabó…, no lo creo. Y eso jode mucho, bueno, fastidia bastante.

Respiró… Y por primera vez lo vi más distendido. Así, que me atreví a preguntarle:

—¿Cómo se llama?

—Carrela.

—¿En que termina?

—En «la»: Ca-rre-la.

—Ah, conozco el apellido Carrera, pero no el suyo. ¿Qué edad tiene?

—Veinte años.

—¿Es voluntario?

—Sí.

—¿Por qué?

—Problemas, si no los tuviera no estaría aquí.

—¿Bebe?

—Alguna vez.

—¿Es nervioso?

—Sí.

Y extendió sus brazos con los puños bien cerrados diciendo:

—Vea usted, puro nervio.

—¿Fuma drogas?

—Sí, el segundo día fumé. Después otra vez, y hace dos días también. Hoy no.

Parece que dudaba… Esperé en silencio.

—Pero me quiero quitar. Estropea el coco, dijo, golpeándose con el dedo índice la frente.

—Pues seguro que, si se lo propone, se quita. Usted es un muchacho y lo puede conseguir. Si se lo propone, ¡ánimo!, lo va a conseguir.

Pero se levantó de pronto, se puso el chapiri, y sonrió.

Yo también me levanté y le acompañé.

En la calle se me cuadró, hizo el saludo militar, y exclamó:

—¡Adiós!

—Adiós, y cuando no tenga con quien hablar, si quiere, aquí estoy. Buenas tardes.

Apuntes de un pequeño diario (6)

20 DE MAYO DE 1975

Acabo de ver la luz. Ha sido un ciego resplandor. A veces pienso que no debía estar aquí, pero esta mañana, a las seis y media, hubo una explosión en la avenida y se esfumaron mis dudas. ¿Había sido una bomba? Los rumores saltaron por los aires. Después, fuentes autorizadas afirmaron que sí, que había sido una bomba. Yo sé que un sacerdote no debe abandonar su grey cuando llega el peligro, venga de donde venga. Por ello, la voluntad de Dios comienza a tomar cuerpo: mi sitio es Melilla. Por lo que hago míos sus caminos.

25 DE MAYO

¡Qué curioso! Acabo de reconocer que Melilla es mi sitio y se me ha aclarado la visión. Desde que llegué, había mirado sin ver la belleza arquitectónica de esta ciudad. Pero ahora descubro que el estilo modernista me sale al encuentro por doquier. Me acaban de decir que, después de Barcelona, es la ciudad con más edificios modernistas. Los contemplaré…

28 DE JUNIO

He estado unos días en casa de mis padres, mi madre no se encuentra bien. «Su resfriado ha roto en pleuresía», eso dicen.

¡Madre del Carmen, te ruego por ella!

Hace dos días me vine en barco, la travesía una delicia.Y aunque la preocupación por mi madre me desbordaba, me pareció maravilloso imaginar, cuando el barco embocaba el puerto y solo veía multitud de brazos agitando el aire, que aquellos gestos y manos eran un saludo de bienvenida para todos cuantos llegábamos…

Aunque nada más atracar y subir los mozos de equipajes se extendió por la cubierta una inquietante noticia: «Acaba de concluir una manifestación en la ciudad». Preguntamos por el motivo y se nos dijo: «Unos jóvenes marroquíes transportaban una bomba para detonarla en Melilla, les ha explotado y han perecido».

Ya en tierra comprobé que los comentarios se habían apoderado de la ciudad, pues la intención de los terroristas era colocar el artefacto en los depósitos de la Shell. El daño hubiera sido incalculable. Por ello, la respuesta popular ha sido unánime.

Esta mañana decía una persona:

—¿Pues no me he levantado mirando con malos ojos a los marroquíes?

1 DE JULIO

Ayer, último día del mes del Sagrado Corazón de Jesús, Melilla vivió horas de gran tensión. A las ocho menos cinco de la tarde me disponía para celebrar la santa misa, cuando Gracita entró en la sacristía diciendo:

—Padre, me voy corriendo, las tropas han sido acantonadas.

Y se marchó.

Lo curas, queramos o no, soportamos tantos comentarios que no le presté demasiada atención. Sin embargo, al acabar la eucaristía, me asomé a la puerta del templo y el aire respiraba soledad. Me acerqué a la avenida y contemplé un corro de personas. Fui hacia ellas y oí:

—Han echado a los bañistas de la hípica y a los que viven junto a la frontera les han pedido que se alejen de allí.

A las nueve y diez cerré la iglesia y marché al Colegio del Servicio Doméstico, de la calle Miguel Zazo, donde suelo cenar. Entré, y las muchachas que viven con las hermanas me cercaron con sus preguntas. Tomé la situación con humor y parece que se rebajó la temperatura. La superiora, una gran mujer, gritó:

—¡Todos arriba!

Me fui a la clase donde suelo comer yo solo, pero esa noche las muchachas y algunas religiosas, como sor Asunción, me hicieron compañía, ¿o se acompañaban ellas?

A las nueve y cuarenta llegó sor Beatriz con la cara relajada diciendo:

—Ya no hay peligro. Acaba de llamar un teniente afirmando que ha pasado lo peor, la gente ya puede salir de sus casas.

Esta mañana, los comentarios continuaban. Me he acercado a la frontera y he visto tanques y tropas en retirada.

El periódico local afirma que fueron maniobras táctiles propias de esta época.

8 DE JULIO

Acabo de dar una vuelta por el mercado y no es el de antes. Muchos puestos están vacíos y los precios disparados. Las mujeres se acercan, preguntan, se callan y muchas se marchan.

Marruecos ha cerrado la frontera y las verduras y productos del campo no llegan.

La Marcha Verde

El 6 de noviembre de 1975, la noticia explotó como una bomba: «Marruecos ha invadido el Sahara Occidental con la Marcha Verde».

Noticia que, en una plaza militar, no podía caer de otra manera: Melilla está en *shock*.

Las relaciones entre los dos grupos más grandes, españoles y marroquíes han saltado por los aires. Yo ignoraba que los marroquíes-españoles (así se llaman ellos) eran, por encima de todo, fieles seguidores de su rey, y, por lo mismo, en los momentos de fricción exteriorizan su enemistad y desprecio hacia España y los españoles. He tenido que soportar que las tres señoras marroquíes que se encargaban de la limpieza del templo y los salones, desde el comienzo de la Marcha Verde, dejaran de presentarse a su trabajo sin explicación alguna. Así, que me vi obligado a buscar nuevas limpiadoras. No resultó difícil, porque Cáritas Melilla buscando empleo para las mujeres de los pescadores, que lo estaban pasando mal, creó con ellas una cooperativa de limpieza.

Y es que la invasión de la Marcha Verde ha sido, durante muchos días, el origen de desplantes y comentarios en la ciudad. Invasión que ocurrió en los peores momentos del gobierno de España, pues Franco, tras una nueva hemorragia, fue trasladado al hospital de La Paz para ser intervenido por segunda vez. A pesar de todo, el día 9, una vez conseguidas las suficientes garantías sobre el Sahara, Hasan II ordenó que volviesen a sus hogares las trescientas mil personas que había enviado a la Marcha Verde. Y, a partir de ese momento, los marroquíes han vuelto a salir, sonreír, acercarse y llamarnos «hermanos».

Tras la experiencia que ha sufrido Melilla, la confianza de los españoles no es la misma. Solo el tiempo puede lograr que las aguas vuelvan a sus cauces...

Santa María de la Victoria, ayúdanos.

Muere Franco

El 20 de noviembre 1975, cuando aún no había transcurrido un mes de la Marcha Verde, murió Franco.

Don Salvador Guirado, vicario episcopal, llegó a la ciudad para presidir la santa misa. Misa que se celebró en la plaza Menéndez y Pelayo con la asistencia de los altos mandos de la ciudad, representaciones del Ejército y numeroso público.

Nos adentramos en un tiempo nuevo. La esperanza apunta con bello resplandor.

Sagrado Corazón de Jesús, que seamos capaces de crear una sociedad respetuosa, libre, justa y fraterna.

La unión con Dios

El grupo de matrimonios me ha pedido que les hable de la unión con Dios.

Me alegro, pues cada día tengo más claro que la fe es tal, cuando parte de una experiencia personal de Dios. Experiencia que se nos posibilita con el amor y la oración. El amor, cuna que acoge la presencia de Dios en la naturaleza, el prójimo y su palabra; y la oración, oxígeno de la fe y el amor.

Por lo que creo que en toda parroquia tendrían que existir unos espacios y oportunidades que iniciaran en la oración.

Me han pedido que les hable de la unión con Dios, ya que desean encontrar el mejor camino para llegar a Él.

Por eso, he pensado que el primer camino para los esposos debe ser su unión matrimonial. Y tras anotar unas ideas, he comenzado diciendo:

Me han pedido ustedes que les hable del mejor camino para vivir la unión con Dios. ¡Unión con Dios! Si nos detenemos en la primera palabra advertimos que existen distintos modos o tipos de unión.

El más simple, por ejemplo, es el que cada uno tiene con el sitio que escoge para comer. Cuando concluye la comida y nos levantamos de nuestra silla, la unión desaparece.

Pero la unión que buscamos es la que acontece entre personas. Unión que depende del motivo que la origina. Recordemos dos uniones muy importantes:

La primera, abundante, es la que tiene como motor el beneficio. Casi siempre económico. Sucede que, cuando el beneficio mengua o desaparece, la unión se debilita, peligra y muere. El mundo está lleno de acuerdos, sociedades y compañías boyantes durante un tiempo que dejaron de existir cuando llegaron las vacas flacas.

Hay un segundo tipo de unión que no tiene el beneficio como origen, sino la vida de sus miembros, sus posibilidades, sentimientos y capacidad de entrega. Lo que da a luz una unión cordial y generosa. Tan distinta que produce un encuentro en el que se supera la ruptura entre lo mío y lo tuyo, y en el que los intereses de uno son los del otro. Unión que produce una realidad nueva que se llama «nosotros».

Martin Buber, decía: «Lo importante no soy yo; lo importante no eres tú; lo que cuenta de verdad es lo que acontece entre tú y yo».

Y ese «nosotros» es tan real que colma de gozo a los que lo viven.

Más aún, cuando esta relación se da entre personas cristianas, la fe añade un plus de entrega y alegría, ya que, si en cada uno está presente el amor de Jesús, el cristiano no olvida que Jesús «siendo Dios se hizo hombre para mostrarnos el amor de Dios».Y entonces, el «nosotros» de esa unión se vive en cristiano.Y, por ello, se superan mejor las desavenencias, pues Jesús da fuerzas para que las situaciones concretas por las que transcurre toda existencia se conviertan en ocasión de fe y de amor más entrañable. A quienes así viven, su fe les ayuda a vivir en la presencia de Dios.

Un día pregunté a un trapense: «¿cuándo alcanza la máxima contemplación un monje?» «La máxima contemplación —me dijo— se alcanza cuando se vive en la presencia de Dios».

Pues bien, si nosotros vivimos en la presencia del Señor, viviremos unidos a Él: «Ya comáis, ya bebáis, o hagáis lo que hagáis, hacedlo todo para gloria de Dios», decía san Pablo.

Me han pedido un camino para alcanzar el mejor encuentro y unión con Dios. He aquí vuestro gran sendero: vivir la santidad de vuestra unión matrimonial en la presencia de Dios. Si lo deseáis de verdad, no solo viviréis, trabajaréis, oraréis y amaréis, sino que sabréis para qué vivís, trabajáis, oráis y amáis. Y vuestra vida será un canto a la voluntad de Dios. Y descubriréis la alegría de vivir unidos en el Señor. Y vuestra unión, con Dios y con los demás, será más positiva y viva. Y sentiréis, de una forma nueva, que vuestro amor, unido al amor a Dios y al del prójimo, os poseerá y llenará de gozo.

Tras estas palabras, miré el rostro de los matrimonios y me pareció que irradiaban otra luz. Les aconsejé que, contemplaran la grandeza del amor de Dios y la pequeñez del suyo, para que, cada día, suplicaran por su amor y se dejaran iluminar por Cristo Jesús. Ya que solo cuando Él nos ilumina sabemos que vivimos en su presencia.

Y concluí diciendo:

Si así oráis y amáis, veréis crecer la alegría de Jesús en vosotros y en vuestras familias. Y habréis encontrado un camino de gozo que os llevará a una mayor unión con Dios y con todos. Y vuestro «hogar», que la Iglesia desde la antigüedad llamó, «iglesia doméstica», y el concilio denominó «santuario doméstico de la Iglesia», será lo más bello de vuestra vida.[22]

---

[22] En la Vulgata (Rm 16, 5) se llama a la familia *domesticam Ecclesiam eorum*; en *Apostolicam Actuositatem,* «santuario doméstico de la Iglesia»; Pablo VI en *Marialis Cultus,* 52: «La familia cristiana, por tanto, se presenta como una Iglesia doméstica cuando sus miembros, cada uno dentro de su propio ámbito e incumbencia, promueven juntos la justicia, practican las obras de misericordia, se dedican al servicio de los hermanos, toman parte en el apostolado de la comunidad local y se unen en su culto litúrgico; y más aún, se elevan en común plegarias suplicantes a Dios; porque si fallase este elemento, faltaría el carácter mismo de familia como Iglesia doméstica. Por eso debe esforzarse para instaurar en la vida familiar la oración en común».

Correspondencia con monseñor

Mi correspondencia con monseñor Mariano José Parra León prosiguió durante años. Él, no solo conocía al obispo de Río Bamba, Ecuador, sino que debió vivir una buena relación fraternal con él. Y a monseñor Leónidas Proaño, padre, protector y pastor del mundo indígena en Ecuador, lo trajo un año a dirigir los Ejercicios Espirituales del clero de Cumaná. Yo me quedé impactado por la sencillez, capacidad y vida de entrega de aquel obispo. Y este verano de 1976 me he alarmado al ver en la prensa que habían encarcelado en Ecuador, a un grupo de obispos y seglares, y que, entre ellos, estaba don Mariano José Parra, obispo de Cumaná, por lo que le escribí y envié un poema que se me había ocurrido hacía años, allá en Cumanacoa. Y monseñor, el 19 de septiembre de 1976, un mes después de aquel atropello, me contestó con una larga y sentida carta en la que me dice:

Mi muy querido padre Lorenzo:
Estoy en deuda contigo. Y ¡qué clase de deuda! Como para cantar un solemne mea culpa. *Aunque el último que nos dirigió y predicó los ejercicios —del 13 al 18 de este mes— nada menos que un seglar, Dr. en Teología y Sagrada Escritura, argentino para más señas, nos metió en la cabeza que la culpa no existía, sino el dolor. Me «duele», por lo tanto, no haber contestado tu antigua y*

breve carta del 12 de mayo, introductoria de todo un señor poema —y ¡qué poema!, como para chuparse los dedos—. Lo he leído varias veces y cada día me gusta más. Por fin te escribo «amigo, amigo del alma», «bajando los senderos del recuerdo», de los días felices vividos en Cumanacoa, «iceberg de otro planeta», penúltimo punto de mi diócesis. Y te escribo, vísperas de cumplir cuarenta y tres ¿meses?, ¿semanas?, ¿días? NO, años, y bien largos, y bien difíciles, de haber recibido el sacerdocio, un 23 de septiembre de 1933. «Más que peldaños… qué de torpes y torcidos escalones», he tenido que descender durante esos cuarenta y tres largos, amargos tal vez, dolorosos sin duda, pero, felices años de sacerdocio, aunque parezca una paradoja y una contradicción —que tú entiendes muy bien— lo amargo y doloroso con lo feliz.

Te escribo hoy con el corazón colmado de alegría, de satisfacciones, porque la prisión de Quito —veintisiete horas encarcelado— con diecisiete obispos, diecinueve sacerdotes, seis religiosas y una decena de seglares comprometidos, ha significado para mí el escalón que yo nunca pensé que Dios, en su infinita bondad para conmigo, me hiciera subir, que no bajar. En la prisión sí que tuve que decir, como tú en el poema, «yo denuncio vuestro engaño… hoy juro por lo que más quiero: no me presto a vuestros juegos… desde hoy, solo soy del pueblo», y, justamente, por ser del pueblo, de aquel pueblo ecuatoriano, oprimido, ultrajado en su dignidad, vapuleado, explotado por gobernantes, terratenientes, hacendados, religiosas, sacerdotes y… hasta obispos, me vi, por primera vez en cuarenta y tres años de sacerdocio, encarcelado, pero alegre, feliz, contentísimo, sintiéndome indigno de que Dios me hubiera escogido para ser «trigo de las fieras». «Gajes de mi oficio», querido Lorenzo, «vestiduras rasgadas», poses iracundas (precisamente, porque mi música y la de tantos comprometidos no suena al ritmo de las fiestas de los poderosos y mentirosos) «algún zarpazo furtivo… amenazas y calumnias»… pero, con ánimo y brío para seguir adelante la línea recta que me tracé hace, justamente, cuarenta y tres años en la catedral de Maracaibo. Bendito quien me impuso sus manos episcopales y me trazó esa línea recta que he procurado, a pesar de las uñas negras, conservar sin la más mínima desviación.

Hasta yo —que me conoces tan prosaico— me volví poeta. Pero, es que tu poema vuelve poeta al menos poeta.

Tu carta del 14 de agosto me llegó justamente cuando ya estaba de vuelta de Ecuador. Te agradezco en el alma tus manifestaciones de protesta y de cariño. No esperaba otra cosa, porque te conozco demasiado y sé cómo piensas tú. Lo de Ecuador no tiene nombre y creo que debería preocupar profundamente no solo a quienes gobiernan la Iglesia, sino a cuantos la sienten y la viven. Para mí, personalmente, el nefasto militarismo que se viene introduciendo en América, protegido por la CIA para «liberarnos» del comunismo, metió mano, antebrazo, brazo, hombro y hasta la clavícula en sorprendente y agresiva actitud del Gobierno ecuatoriano, inspirados, por supuesto, por los Gobiernos de Bolivia (plan Banzer) y Chile (el inefable Pinochet, sin creer, por supuesto, en la inocencia del Videla argentino y del Stroessner paraguayo). Un detalle muy significativo fue la muerte del obispo Angelelli, de La Rioja (Argentina) quien, después de presidir las exequias de dos sacerdotes de su diócesis a quienes habían asesinado, se dirigía en automóvil a Río Bamba y sufrió un accidente, donde quedó muerto, porque... ¡asómbrate!, el vehículo volcó por la sencilla razón de que le habían aflojado los tornillos a las ruedas... Justamente, cuando fuimos apresados a las cinco de la tarde del Jueves 12 y obligados, con metralletas, revólveres, fusiles cortos y hasta bombas lacrimógenas preparadas, los obispos solos discutíamos la situación de Latinoamérica y la influencia del militarismo, y... de la masonería. Y cosas de Dios, el obispo ponente, a quien se le olvidaron los documentos probatorios de la inminencia del peligro, y, por lo tanto, no le pudieron incautar su carpeta, como se lo hicieron a todos los otros, a quienes no les dejaron ni un papelito ni pasaportes ni nada, acaba de morir en Paraguay el 3 de este mes. El presidente de Paraguay lo tenía fichado entre Los peores «enemigos de la patria paraguaya», y debe estar frotándose las manos de contento. No quisiera pensar que también le aflojaron los tornillos de su vehículo, pero da mucho que pensar porque su muerte se ha transmitido como «imprevista» (L'Osservatore Romano) y como «inesperada» por otros órganos de prensa. Sinceramente, me ha impresionado enormemente su muerte porque monseñor Bogarín era todo un señor y todo un apóstol. La situación en nuestra América es desesperante: los militares tienen en sus manos todas las repúblicas sur y centro americanas, con excepción de Colombia, Venezuela y Costa Rica donde «gobiernan» tres civiles, pero «mandan» las charreteras: son caricaturas de democracias. Y una de las tácticas de unos y de otros para con la Iglesia es pregonar, justamente, que mantienen excelentes y cordiales relaciones con la Iglesia mientras los obispos y los curas estemos en bendiciones, inauguraciones, primeras piedras en edificios y carreteras sin concluir, y encima que tengamos que escuchar pacientemente discursos plenos de mentiras y de falsedades para engañar a los pueblos. Basta cualquier palabrita que el obispo diga en favor de su pueblo oprimido, engañado y vejado... y se acaban las «estrechas» relaciones. Nos quieren obligar a reducirnos en las sacristías y en las iglesias, a cantar misas de difuntos, bautizar a tuti li mundi, sobarnos el maruto (espero que no se te haya olvidado que maruto es el final «cortadito» y «arregladito, casi con cirugía plástica», que nos queda del tubito por donde comimos en el vientre de nuestras madres), reunirnos con unas cuantas viejas y viejos idiotas y molestosos, mientras que los gobernantes adúlteros, ladrones, vagabundos, sobornadores y sobornados... viven felices proclamando el «cristianismo» de la «civilización occidental», mientras se pudren de inercia los tuberculosos del Distrito Montes o pasan los días, resignados, contemplando los «muñones que la última crecida (Río Caribe traicionero) había cercenado», o esperando la zafra para poder medio vivir siquiera seis meses y atragantarse de hambre, bebiéndose su propio sudor durante los otros seis...

El cristianismo que nos quieren hacer vivir los que tratan de convencer al pueblo de que, la caña no es amarga y de que el azúcar no vale lágrimas. Mientras tanto, los obispos y sacerdotes seguimos cantando Tedeums *en los aniversarios de los partidos políticos o en las caricaturas de nuestras fiestas patrias, que ya no animan a nadie, o poniéndose coronas ante las estatuas de nuestros héroes…*

Esa es la realidad, hermano Lorenzo, y por eso nos sacaron a empellones de Santa Cruz en Río Bamba y nos tuvieron veintisiete horas sin decirnos cuál era nuestro delito, encerrados en una cárcel, durmiendo en el suelo y alimentando nuestros estómagos con el jugo de nuestras protestas.

América ha caído en manos de quienes anteponen su espada y nada más a su propia patria, a su Iglesia y a su fe. Lo triste es que la mayoría de los dirigentes de la Iglesia viven chupándose los dedos porque nos lavan el cerebro con ayudas —¡¡¡miserables ayudas!!!— económicas y con condecoraciones que deberían darnos vergüenza si tuviéramos un poquito de dignidad.

Bueno, termino, porque se me puede ir más la lengua y me dijeron que debería cortármela… Aquí me tienes, siempre el mismo, entero como una mata de coco, sin doblarme, dispuesto a morir de pie como mueren los árboles, según dicen los poetas… «Pero, tú, ten ánimo, amigo»: así termina tu poema, y yo termino mi deuda diciéndote: «Estoy con ánimo, como un toro de Miura, con las astas poco menos que como alfileres, dispuesto a hacer pedazos la capa roja, sin miedo a la espada del que se atreva a torearme...».

Un abrazote, cordialísimo, de amigo y de hermano, extensivo a tus inolvidables papás y hermanos, y saludo a tus buenos feligreses...

Mariano José Parra León
Obispo de Cumaná

Fatima

Esta mañana he celebrado la eucaristía con la comunidad de religiosas, Hijas de María Inmaculada, en el Monte María Cristina. Aprecio a estas religiosas que viven con los más pobres, en el colegio que construyó la parroquia gracias a la herencia de doña Julia Benítez. Religiosas que muestran el rostro materno de la Iglesia. Pero como volvía sin prisas, me he detenido a contemplar el Fuerte, uno de los escasos y aislados edificios circulares que tuvieron, en el pasado, la tarea de defender la ciudad. Bajé por Horcas Coloradas. Aceleré el paso, pues la columna de humo que se elevaba desde el quemadero municipal hacía irrespirable el aire… Alcancé la explanada del cementerio y me deslumbró su claridad. La puerta del cementero hebreo estaba abierta y entré. Me gusta rezar por los difuntos. Era la primera vez que pisaba este cementerio. Observé sus tumbas, que parecían prefabricadas, y la fila de grifos a su entrada. Recorrí el rectángulo que acogía las tumbas y no encontré ni una flor ni una mata de verde inesperado. Allí se expresaba con gran realismo la naturaleza del Adán terreno, y dije: «Aquí se anuncia la igualdad final mejor que la esperanza futura… ¡Señor, Dios de los Padres, dales el descanso eterno!».

Salí del cementerio que colinda con el de la Inmaculada Concepción, y vi que llegaba Carmen, viuda reciente, con su dolor y sus flores.

«Ay —pensé— el matrimonio y el sacerdocio cómo se parecen: en el sacerdocio también hay aceptación, cuido y amor. Pero subir hasta su cumbre y caminar tras las huellas del otro, supone desear que Él nos posea. Y esa es mi pena. A veces me veo más servidor de Cristo que habitado por Él. ¡Cómo deseo verme unido a Él! ¡Qué maravilla si el viento del Espíritu soplara y yo sintiera lo del apóstol: "¡Ya no vivo yo, es Él quien habita en mí!"».

Dejé atrás la calle García Margallo y entré en la de López Moreno. Saludé con la mano a Mateo: el viejo librero cargado de recuerdos e insospechadas obras olvidadas en la trastienda, y lentamente me fue conquistando, cada vez con más claridad, la salmodia de la sinagoga: una primera planta repleta de curiosas lámparas. ¡Era *sabbt*!

Tras alcanzar la pequeña gran plaza de Menéndez y Pelayo, su coqueta exactitud me sorprendió, una vez más. En la acera de enfrente descubrí el trío de cada día: Habiba, Dris y la pequeña Fatima.[23] La niña intentaba alcanzar a su hermano y el cojo, en cuclillas, se balanceaba sobre sus brazos como finísimas pértigas, quien, al verla, saltó alejándose unos pasos de la perseguidora.

Me retrepé sobre la pared deseando contemplar aquella persecución: a Fatima debía parecerle insuficiente aquel salto, pues aceleró la carrera. Entonces, Dris, como si su única pierna fuese un poderoso muelle, lanzó su cuerpo a más de dos metros de distancia. Fatima se detuvo extasiada y se puso a gritar:

---

[23]   Los marroquíes no dicen Fátima, sino Fatima.

—¡Canguro! ¡Canguro!

Y mientras gritaba alzó la cabeza y me descubrió. Agitó los brazos. Señaló a su hermano y corrió hacia mí con todas sus fuerzas.

La esperé con la palma de la mano extendida hacia abajo. Llegó y dije:

—¡Vamos a ver si has crecido!

Radiante por la carrera, se arrimó a mi costado. Coloqué mi mano sobre su pequeña cabeza, como si mi pierna fuese un listón de medir alturas, miré sus negrísimos ojos, y, de pronto, descubrí sus pies descalzos. Me aparté de ella, crucé la plaza, y pregunté a Habiba:

—¿Por qué está descalza?

—No comprendo. ¿Tú, qué dices?

—Que ayer le compré unas zapatillas y hoy va descalza, ¿por qué?

—Porque no las quiere. ¡Tú te pones las zapatillas que son un regalo!, —le digo— y la niña me mira y dice: «¡Noo!». Y entonces… ¿Qué hago? ¿Tú comprendes?

Habiba, desde su pose de pedigüeña, repetía sin parar: «¿Tú comprendes? ¿Tú comprendes?».

Me encogí de hombros, sonreí, me di media vuelta y me dirigí a la puerta del despacho: tenía que recoger las solicitudes de los dos bautizos que iba a celebrar.

En Melilla también son hijos de Dios

El tiempo va serenando el ambiente. Como sacerdote debo propiciar ámbitos de paz y concordia, a pesar de que la realidad imponga sobresaltos y problemas.

Así que se me ocurrió escribir sobre Melilla y enviar las cuartillas a la revista: *Vida Nueva*.

Para mi sorpresa, Bernardino M. Hernando, su director, me llamó por teléfono y me dijo que iban a publicar mi colaboración, pero que le añadiese algunas estadísticas. Cosa que hice.

Y el 21 de abril de 1979, la revista *Vida Nueva* publicó en su portada dos fotografías: una, Melilla la vieja, y la otra, la fachada del ayuntamiento con el siguiente título: «En Melilla también son hijos de Dios». El texto aparecía desde la página treinta y nueve hasta la cuarenta y uno en las que decía:

Melilla ha saltado a las páginas de la prensa. Realidad que comenzó durante la célebre Marcha verde y continuó con las primeras manifestaciones programáticas de los partidos recién nacidos, mientras los habitantes de esta vieja ciudad se agarraban a su historia: «Melilla se incorporó a España dieciocho años antes de que lo hiciera el reino de Navarra, ciento sesenta y dos años antes que el Rosellón fuera francés, y doscientos setenta y nueve años antes de que existieran los Estados Unidos de América».

Y describí el ambiente de una ciudad donde conviven: musulmanes, hebreos, hindúes y cristianos… Me detuve en la presencia de la Iglesia entre los habitantes del Monte María Cristina. Y recordé:

Los musulmanes han escrito con su valor y cultura páginas de amor y odio en nuestra historia de España… Pero, como el español se cree superior al marroquí, y en Melilla, con excepciones, también, la Iglesia, aquí, hace algo en la medida que puede…

Y recordé que los responsables de Cáritas de la parroquia del Sagrado Corazón de Jesús se habían preocupado por la falta de un colegio en el Monte María Cristiana. Y llegaron a pensar:

Si pudiese vivir allí una comunidad de religiosas que hicieran presente el amor de Jesús, sería ideal. Idea que las religiosas de María Inmaculada hicieron suya…

Se construyó el colegio. Cáritas solicitó del Ministerio de Educación y Ciencia cinco profesores de EGB. Y proseguía el artículo:

El edificio con escuela, vivienda para la comunidad de religiosas y centro de formación de adultos ha pasado a ser presencia de la Iglesia. Y no solo de la Iglesia, sino también de hombres de buena voluntad, pues junto al edificio, gracias a la colaboración de un melillense hindú, se ha levantado el comedor escolar. Durante dos años se les ha dado el almuerzo a más de ciento cincuenta niños. Esto puede ser en muchos sitios una noticia sin relevancia, aquí no. Un ejemplo: las religiosas, con la ayuda de una musulmana, preparan la comida y la sirven. Los primeros días notan que un pequeño de ocho años, siempre que termina el almuerzo, siente ansias y vomita. Se preocupan, porque los demás niños son felices. Hasta que descubren que Mohamed, solo había comido, hasta hora, pan con aceite, por lo que su estómago no toleraba otra comida.

Y concluía recordando que los pobres nos enseñan:

Esta tarde, una musulmana —el trabajo y el sufrimiento hacen imposible que nos aproximemos a su edad— se me quedó mirando. Yo le sonreí y la saludé. Ella deseaba hablar y dijo: «Usted es joven, yo no. Yo estoy enferma y soy pobre. Pero usted me escucha. Dios es solo uno y la Santa María Madre». Sobre sus espaldas dobladas llevaba un saco medio lleno.

Apuntes de un pequeño diario (7)

8 DE MAYO DE 1981

Llevo tiempo sin escribir. ¡Uf! Y, hoy, a las doce del día, hemos guardado cinco minutos de silencio por las personas asesinadas por ETA. El momento me cogió en la calle. Los rostros de los transeúntes mostraban indignación y dolor, en las aceras nadie se movía.

20 DE MAYO

Hace poco el Papa sufrió un atentado terrorista. «Madre del cielo, cuida de él».

Al día siguiente, una musulmana explicaba así la noticia: «Se le ha disparado porque fue a Turquía a enseñar el cristianismo y eso es un abuso. Que enseñe el cristianismo en sus tierras y no en las nuestras».[24]

---

[24] Juan Pablo II había ido a Turquía en viaje apostólico del 28 al 30 de noviembre de 1979, donde se encontró con la comunidad católica de Ankara, firmó en el Libro de Oro del Mausoleo de Atartuk, se dirigió a la comunidad armenio-católica de Estambul, celebró la eucaristía en Éfeso y saludó a las autoridades turcas en Esmirna, sin olvidar que en Turquía están las ruinas de la ciudad antigua de Nicea, sede del Primer Concilio Ecuménico en el que se aprobó la profesión de fe cristiana.

25 DE OCTUBRE

He advertido que comencé a escribir esta libreta hace diecisiete años, aunque a veces parece que descansa en el olvido. «Quiero medir mi constancia» escribí en la primera página. Mas he aquí que unos años he sido constante y otros bien poco o nada. Mal retrato.

Quizá podría ser un reflejo de mi vida espiritual. Es verdad que, con la eucaristía, el breviario, la preparación de las clases y las reuniones, las homilías y la caridad, mantengo el tono. (Desde luego no es poco, si se trabaja, ora, celebra y ama unidos al Señor). Pero sentía que me faltaba algo. Y por eso, cuando el hermano Juan Barrera me invitó a ir con él a una semana sobre la oración que tendrían en Madrid los Hermanos de la Salle, acepté. Y me ha hecho un gran bien, pues voy dándole más importancia al tiempo de la oración personal. Y a medida que más oro, acontece que Dios me concede más paciencia y deseo de oración. Gracias, mi Señor.

Entre los hermanos que asistieron a la semana de oración, me impactó uno que había sido profesor en Cuba.

Los hermanos llevaban en Cuba cincuenta y seis años. Habían fundado la primera Universidad Lasallista en Latinoamérica y doce escuelas. Poseían en sus aulas el mejor material pedagógico que existía. Y en esto, Fidel Castro lo rapiñó todo y expulsó a los ciento diez hermanos que había en la isla, algunos muy jóvenes, solo novicios.

3 DE MARZO 1982

He hablado con casa. Por un lado, me dicen que a mi madre le ha desaparecido la piedra del riñón, por otro —cuenta Rosarito—, el médico no se aclara: cree que es un cáncer… Parece que la van a enviar a Málaga para hacerle nuevas radiografías.

Señor, «qué bien sé yo…, aunque es de noche».

9 DE MARZO

Llevo unos días preocupado: a mi madre le repiten los dolores. Tengo la impresión de asistir a un lento y doloroso desasimiento. A veces me asalta una pesada congoja.

Hoy he llegado en la oración a esta humilde verdad: «Dios ama a mi madre más que yo. Y no solo la ama, sino que la prepara para el gozo eterno, por lo que rezo: hágase tu voluntad, aunque sea de noche».

10 DE MARZO

Ayer, día 9, ingresaron a mi madre en el hospital de Antequera con una hemorragia alarmante.

La han puesto en manos de un nuevo médico. Desde el hospital me dijo: «Hijo, no creí que tanta sangre fuese mía». Y esta mañana añadió: «Hijo, he comulgado y estoy preparada; no te preocupes». ¡Qué amor, fe y disponibilidad! ¡Gracias, madre!

LORENZO ORELLANA HURTADO

Rosarito me cuenta que el doctor Macías asegura que es cáncer de riñón.

He pasado dos días malos.

Acabo de cerrar la iglesia. El Señor y yo solos. Y sin darme cuenta, me he echado a llorar.

Mi madre me está haciendo más presente el dolor de los enfermos.

He llamado a mi padre, y después del saludo se ha puesto a llorar. He intentado consolarlo.

12 DE MARZO

Ayer cumplió mi padre setenta y un años. El médico le explicó el proceso del cáncer avanzado e irreversible. Salió de la consulta diciendo que el médico estaba emocionado y sufriendo. Pero al llegar a casa, Rosarito tuvo que llevarlo a don Juan Herrera, pues se le presentó una subida de tensión.

Lo llamé y me dijo: «Lorenzo, no entiendo cómo la gente puede descasarse. Niño, el matrimonio es lo más grande de todo. Pobre mamá, ¡cuánto estará sufriendo!».

13 DE MARZO

Mi madre ya está en casa.

Señor, que sea lo que tú quieras, pero ojalá como yo quiero.

He ido al aeropuerto para sacar billete e ir unos días a Antequera (el único vuelo que quedaba era para el miércoles).

Al llegar me encontré con un médico, me preguntó y le conté el caso de mi madre.

—Malo, dijo, es una vergüenza.

—¿Una vergüenza? ¿Por qué?

—Porque si hay Dios eso es intolerable. Yo tengo, al menos, la satisfacción de no creer.

—Lo intolerable, contesté, es que exista el cáncer, el sinsentido y no haya Dios. Si la vida es preparación para el cáncer, lo único que tiene sentido es el suicidio. Y añadí: el sentido está en Cristo, que es Dios hasta en la muerte.

Me pareció más escéptico. Aunque es un buen hombre. Salí del aeropuerto pidiendo por él. Al llegar a la iglesia, ante el sagrario, hice esta oración: «Señor, gracias por mis padres. Por tu amor hacia mi madre. Por la enfermedad que permites. Ayuda a ella, a mi padre, a mis hermanos y a cuantos no creen».

Y recordé que santa Teresa de Lisieux pedía por los ateos.

15 DE MARZO

Hoy he recibido de mi hermano Ramón la más bella carta que jamás me ha escrito. La quiero conservar:

Hola, Lorenzo:

No hace falta que te explique nada sobre la situación de nuestra casa, pues sabes lo que ocurre.

Lorenzo, en esta tragedia ilógica e incomprensible, debemos ser más fuertes que nunca. Y estoy seguro de que, aunque todos lo sentimos de una manera profundamente dolorosa, tu dolor, en estos momentos y en los que tienen que venir es mucho mayor que los nuestros.

Somos una familia formada por unos padres fenomenales que, ante todo, nos han enseñado lo que es el amor.

Tú eres la cabeza, Lorenzo. Eres, has sido y serás de forma palpable y con tu ejemplo el guía de todos nosotros.

Yo soy la cola, y en estos momentos, más que nunca, tenemos que abrazarnos de una forma tan especial que dentro de nuestro abrazo estén todos nuestros hermanos.

Tenemos la obligación de unirnos con alegría, pues mamá es, ante todo, alegre. Y debemos apoyar a nuestro padre.

Lorenzo, no sé si estas pobres palabras dicen algo, pero a mí me han ayudado.

¡Ánimo, Lorenzo! Un abrazo.

Ramón

Es maravillosa la reacción de mi hermano: se olvida de él para animarme. Se llama «la cola», porque es el último de los seis. Veinte años largos más joven que yo. ¡Qué bien me lo pusiste, hermano! «Tenemos que abrazarnos y que dentro de nuestro abrazo estén todos nuestros hermanos».

24 DE MARZO

El 16 por la noche embarqué. Me esperaban papá, Rosarito y Juan.

Encontré a mi madre más delgada que nunca.

Hablé con el médico: «Tiene un tumor y se ignora cuánto le queda de vida. La solución es operar».

Al día siguiente, le hicieron nuevas pruebas.Y el 22 nos dijo que había que operar aquí o en Carlos Haya. Allí hay más medios.

Mis padres quieren que sea en Antequera.

Hoy, 24, he vuelto a Melilla.

Esta tarde encaman a mi madre.

Quiero dejar unas cosas arregladas y volver a casa.

31 DE MARZO, ANTEQUERA

Son las cuatro menos tres minutos de la madrugada. Estoy en casa, siento cómo cae la lluvia sobre el suelo del patio.

Ayer, martes, operaron a mi madre. En el hospital mis tres hermanas estaban con ella. Después llegamos mi padre, Ramón y yo; sus tres yernos y Juan Pablo, el mayor de los nietos. La besamos todos. Sonreía y estaba animaba. Una enfermera trajo un camisón, los hombres nos salimos.

A las once volvimos al hospital, aún estaba en su habitación… A las once y treinta se la llevaron al quirófano… Con el hospital en obras, el polvo invadía las lentas horas muertas en la sala de espera.

Nos llamó el médico y mi padre se puso nervioso. Un colaborador portaba en una bandeja un inmenso riñón —abierto en dos— con surcos amarillentos, como orugas, que recorrían las dos mitades. El médico dijo:

—Esto es lo que se le ha extraído.

—Ha tenido usted mucho trabajo, le comentó mi padre.

El médico lo contempló y guardó silencio.

—Todo lo amarillo —añadió— es el tumor.

—¿Hay metástasis? —pregunté.

—Sí, está afectada…

Y creí que me invadía el sinsentido. Le dimos las gracias al doctor Macías, mientras un mazazo quedaba golpeándome. Cogí por el brazo a mi padre y, mientras salíamos hacia la calle, él repetía:

—Lorenzo, mamá se pondrá buena, ¿no?

—Papá —dije—, seguramente la vamos a tener con nosotros un tiempo. Ahora debemos seguir rezando.

—A las 6 de la tarde celebré la misa con las monjas, me costó Dios y ayuda no llorar.

Santa María, si quieres, puedes. Amén.

15 DE ABRIL

Mi madre está en casa. Sufre porque la pierna derecha no le responde. Por las noches le aumentan los dolores. Las niñas se turnan. El médico le ha recetado unos calmantes que no le alivian lo suficiente. Cuando yo estoy, descansan ellas, por eso, esta noche, a las tres, me despertó su malestar. Después de ir a verla y darle una gragea me puse a rezar… A veces, me paso los ratos repitiendo: «Santa María Madre, intercede por ella».

Cuando me adormilé tuve un mal sueño:

Un hombre con bata blanca intentaba retirar los restos del tumor que permanecían en el cuerpo de mi madre… Y, en esto, las células cancerígenas comenzaron a deslizarse y reírse de él, a deslizarse por las pendientes del riñón y a reírse a carcajadas… Parecían incansables. Incansables orugas que se unían y multiplicaban como un enjambre en orden de batalla… Orugas que avanzaban y avanzaban, cada vez a mayor velocidad. Tanta que retumbaba como un alud, un alud creciente que sepultaba el riñón, la bandeja, la cama, los presentes y el aire… ¡El aire! Y no podía respirar, la respiración parecía imposible… Y un grito de ahogo me despertó…

16 de abril, Melilla

Acabo de llegar de Antequera.

Ayer, el médico fue a visitar a mi madre. Cuando se marchaba le acompañé hasta la calle, y antes de despedirnos se detuvo y dijo:

—Ha llegado el análisis. Por desgracia no nos equivocamos. Vea lo que dice. —Y apuntó con el dedo unas letras mayúsculas: «adenocarcinoma».

Sentí el choque de la sinrazón…

Me despedí del doctor, respiré profundamente y volví, con una sonrisa, al lado de mi madre.

Vicario episcopal

Me ha llamado el señor obispo, y, tras decirme que ha estado viendo a mi madre, me ha pedido que acepte ser vicario episcopal de Melilla.

Le he dado las gracias por ir a visitar a mi madre y he dicho que sí.

Aunque es verdad que mi opinión sobre la vicaría se la había expresado la primera vez que me propuso el nombramiento: aconteció en 1976. Me dijo que fuese vicario episcopal y le pregunté: «antes de aceptar, ¿puedo darle mi opinión sobre lo que pienso acerca de la vicaría de Melilla?» Me respondió que sí. Y vine a decirle:

«Si el vicario de Melilla fuese el de Málaga, mostraría la realidad de la diócesis mucho mejor que residiendo aquí. Alguna vez, incluso, podría traer algún compañero. Lo que serviría de aire fresco para los que aquí estamos y de conocimiento de la realidad de Melilla para el clero malacitano, pues Melilla es la gran desconocida. Es más, la sede de ese vicario, en Málaga, podría servir como lugar de acogida para los de aquí, pues, a veces, no hay barco ni avión y nos quedamos en la ciudad sin un mal hueco donde esperar».

Tras lo dicho, me quedé con la impresión de que le agradaba, pues me dijo que lo pensaría y que, mientras tanto, yo hiciese de provicario. «¡Encantado!», le dije.

Pero su respuesta no llegó. Al contrario, el 25 de agosto del 76 me escribió una carta comunicándome el trabajo que le había costado convencer a don José María Sepúlveda para que aceptara ser vicario episcopal de Melilla. Y añadió que se había visto obligado a nombrarlo, porque reiteradas veces me había pedido que asumiese ese cargo y yo le había dicho que no… (De esas reiteradas veces no tengo ni idea. Hasta ahora, jamás he pronunciado un no a mandato o petición de mis obispos). Seguramente, debió confundirse o no supe explicarme o interpretó mal alguna de mis palabras. Creo que él debe haberlo pasado mal, pues, más de una vez ha confesado que con los nombramientos del clero sufre. También me anunció que enviaba de coadjutor —ya que don Francisco Jiménez había dejado Melilla— a don Antonio García, y que tanto don José Mª como don Antonio querían vivir juntos. Lo acepté todo. Me mudé a la dependencia que hasta ahora había ocupado el coadjutor, pues lo mío era abrir puertas. ¡Hazme, Señor, un instrumento de tu paz!

Y una vez nombrado vicario episcopal de Melilla, el 10 de julio de 1982, me llegó una carta de la *Sacra Congregatio Pro Sacramentis Et Culto Divino,* autorizándome para celebrar el sacramento de la confirmación. Es de agradecer.

Apuntes de un pequeño diario (8)

6 DE ENERO DE 1983

¡Qué de cosas en tan pocos meses!

La vicaría es una carga que intento llevar con paz y fe. Estoy aprendiendo. Aguanto más. Saco tiempo donde antes no quedaba y creo que se pueden abrir horizontes.

El 27 de diciembre marché a ver a mis padres. El capuchino Paco Ochando estaba enfermo en el hospital. Antes de partir fui a verlo. El médico me comunicó que pronto volvería al convento: «Aparentemente, solo se trata de una afección bronquial superable», dijo. Así que a las tres de la tarde tomé el avión. A la mañana siguiente me llamaron anunciando que Ochando acababa de fallecer. Ese mismo día me dio tiempo para ir a Málaga, tomar el barco y regresar a Melilla. El 29 celebramos la *misa corpore insepulto* y su familia se llevó los restos mortales para Granada. Su compañero, José Eulalio, aún no se ha enterado, anda por América…

Mi madre sigue con fuertes dolores. El poco tiempo que he pasado con ella me lo ha hecho sentir muy vivo. Ayer repartió las pocas «joyas» que tenía entre sus hijas. Los calmantes no la alivian. ¡Ay, Dios, mi Dios!

2 DE MARZO

En *El Telegrama de Melilla* aparece, a tres columnas y sin firma, un largo artículo que recoge el cursillo de evangelización que hemos tenido el pasado fin de semana con asistencia de ciento cuarenta personas. Lo dirigieron don Manuel Pineda Soria y don Pedro Sánchez Trujillo, responsables de la Delegación Diocesana de los Encuentros del Pueblo de Dios. La tarde del viernes, al no haber vuelos, los ponentes no pudieron venir, así que, tras invocar al Espíritu Santo y felicitar a los presentes, me tocó hablarles del papel de los laicos en la evangelización de la Iglesia.

A las diez de la mañana del sábado se iniciaron las charlas, que concluyeron el domingo con la exposición del proyecto catecumenal: su convocatoria, su puesta en marcha y programación.

Y terminaba diciendo:

La clausura se celebró con la eucaristía presidida por el vicario episcopal territorial, concelebrando los directores del cursillo y el párroco de santa María Micaela de los padres Paúles: Valeriano Bartolomé.

La numerosa asistencia se sintió animada y orientada por la palabra del Señor y el magisterio de la Iglesia. Todos desearon vivir y cumplir más y mejor su misión evangelizadora.

Yussuf

Yussuf iba por la acera con su pequeña escalera de madera al hombro. A poca distancia, yo, tras él. Y en esto, una joven camina hacia nosotros. Llega a la altura de Yussuf, él se detiene, y, mientras ella pasa, emite un profundo y largo suspiró, tras el que exclama:

—¡Qué lástima!

Yo sonrío, me pongo a su altura y le digo:

—Yussuf, cuídate o sufrirás mucho con tantas lástimas!

—Padre, la verdad es que estaba buena la «mojera».

—Sí, pero tú estás casado.

—Seguro, pero… ¿Tú sabes? La mojera tiene niños y ya no hay nada más que mojera para los niños y niños para la mojera. ¿Esto es vida, padre? ¿Es que a ti no te gustan las mojeras?

—Hombre, como a todo varón.

—Entonces ¿por qué no te puedes casar?

—Poderme, podría… Pero tú afirmas que las mujeres son estupendas, aunque yo creo que Dios vale más que las criaturas, y, como eso hay que decírselo a todos, me parece que si la gente ve que algunos hombres no se casan para anunciar con su vida esta gran verdad de Dios, a lo mejor algunos lo piensan y comprenden.

Se detiene, me mira y dice:

—Pues ¿tú sabes que eso que tú dices es verdad?

Y después de un silencio, prosigue:

—Nosotros tenemos un morabito que vivió así, como tú dices. Se murió y en premio Alá se lo llevó con los ángeles. Y dos ángeles envidiosos se pusieron a comentar: «No está bien que un mortal esté aquí, donde nosotros». Y Dios los oyó y dijo: «¡Ah! ¿Sí? Si a vosotros se os hubiese probado como a este hombre, me hubieseis odiado». Pero ellos aseguraban que eso nunca habría podido ocurrir, y afirmaban: «A ti, Señor, jamás te hubiésemos odiado». Y entonces Dios los hizo hombres, con el genio de los machos y los mandó a la tierra. Y cuando se vieron delante de las mojeras, no pudieron aguantarse y terminaron pisándolas. Y, hoy, todavía están colgados por aquí en los infiernos. (Y señalaba con el pulgar doblado en forma de alcayata, la cuenca de sus ojos).

Me agradó la pronta respuesta de mi amigo. A veces pienso que si tuviese capacidad me gustaría escribir sobre algunos santos y místicos de otras religiones. Una que no faltaría sería *Rabia Aldawayya*. (*Rabia* significa cuarta, ya que fue el número cuatro de los hijos de una familia pobre). Nació en el 717. Y oraba así:

¡Oh, Dios!
Si te adorara por miedo al infierno, quémame en el infierno;
Si te adorara esperando el paraíso, exclúyeme del paraíso.
Pero si te adorara por ti mismo, no me niegues tu eterna belleza.

Apuntes de un pequeño diario (9)

2 DE ABRIL DE 1983

Sábado Santo. Día de la Soledad.

La vida de Jesús siempre apunta al futuro en esperanza. Por eso, aunque hoy parezca que el hombre está olvidando el progreso espiritual, hay que recobrar la evolución humanizadora y la espiritualidad perdida.

La auténtica evolución humana la promueven las autoridades cuando viven en contacto directo con el pueblo. Solo así se pueden conocer, de primera mano, los problemas de los pueblos. Y entonces se humanizará su discurso político, ya que nacerá de una escucha verdadera.

Por lo que me repito: «Mi misión, como párroco, es conocer y amar a este pueblo, siendo cada día el signo de la presencia misericordiosa de Dios que nos conoce, ama y desea que sus hijos se respeten y vivan como hermanos».

Aunque en España, por desgracia, me parece que los partidos comienzan a creerse el ombligo del mundo: son tan suyos que dejan entrever cacicadas y depuraciones sin admitir la más mínima brizna de razón en sus adversarios. Se está creando una nueva dictadura, la de los partidos. Ellos, además de tratar al pueblo infantilmente no le ayudan a vivir el valor de la justicia, de la verdad y de la fraternidad. No obstante, sigo creyendo que la esperanza salvará al mundo.

4 DE ABRIL

Ayer llamé a mi madre y le dije: —Mamá, ¡feliz Pascua de Resurrección!

Me respondió:

—Hijo, creo que mi resurrección ya será la otra, no la de aquí.

Desde esta respuesta, se me ha hecho más vívido su recuerdo y presencia.

7 DE ABRIL

He visto a Sultana, quien, a pesar de ser hebrea, se quedaba —hace unos años— en mis clases de religión en el instituto. Fue una de las alumnas más brillantes que pasaron por el centro. Le he hablado de un artículo que publicó recientemente sobre Marx. Y me dijo:

—El hombre debe vivir como si Dios no existiera.

—Eso mismo —le añadí— dijo D. Bonhoeffer, a quien mataron los nazis.

Después le recordé el ágrafa de Jesús:

—Has visto a tu hermano, has visto a Dios.

Parece que no le ha gustado tanto, pero cuando nos despedíamos le añadí:

—Lo importante es que nos queramos.

Y se ha ido sonriendo.

24 DE ABRIL

El viernes fui a Málaga a una reunión de vicarios episcopales. En el aeropuerto de Melilla, Miguel Fernández (gran
poeta) y Eduardo Morillas (muy buen pintor) despedían a
Fernando Arrabal. El ayuntamiento le había dado un homenaje. Yo no lo conocía, pero la ciudad se tragó un revulsivo:
parecía un «signo de contradicción» entre unos y otros. Me
acerqué y lo saludé tímidamente. Mas al terminar el vuelo, en
el aeropuerto de Málaga, fuera de las multitudes, me pareció
un hombre interesante y cálido. Le pregunté por el poeta
cubano Armando Valladares y me dijo que la misericordia
de Valladares lo había reconvertido.

Hoy, a las tres de la tarde, hemos concluido un encuentro
con un grupo de adultos de la parroquia. Ha venido Pedro
Sánchez Trujillo a dirigirlo y han asistido cincuenta y cuatro
feligreses. Estoy contento. A seguir.

30 DE MAYO

Hace unos días fui a ver al delegado del Gobierno que,
por primera vez, es un civil. Estuvimos hablando un buen
rato. Me pareció un joven con zapatos nuevos y me recordaba a mí mismo cuando, recién ordenado, me nombraron
superior del seminario: «Lo voy a hacer bien», me decía. Así
me parece que están los nuevos políticos, ya que, con gran
desfachatez dejan caer que hasta ahora no se ha hecho nada

y que, a partir de ellos, todo va a ser distinto. Fui a verlo para preguntarle si invitaba a las autoridades a la procesión del Corpus, (lo había consultado con don Manuel Diez de los Ríos, vicario general, quien me dijo que se hiciera como siempre). Así que dije al señor delegado del Gobierno:

—Deseo que me resuelva una duda: ¿lo invito a la procesión del Corpus? Usted sabe que es una celebración para los creyentes, ¿lo invito o no lo invito?

Y dijo que sí, que invitara a las autoridades.

2 DE JUNIO

Ayer aconsejé a mi compañero, Antonio García, que fuese a un especialista del corazón, pues le dolían los brazos tras pequeños esfuerzos. Fue y el doctor le mandó reposo. Antonio se había responsabilizado de la procesión del Corpus. Veremos a ver…

Antonio es sevillano, de Dos Hermanas, aunque la teología la estudió en nuestro seminario. Posee una paz y humor tan especial que todos los tocados o las tocadas de la cabeza encuentran acogida en él. Lo que vale un imperio.

Algunos seglares me han dicho que no me preocupe por la procesión. Esta noche me iré a dormir a las habitaciones parroquiales para estar cerca de don Antonio. Él está animado, espero que sea un susto, no otra cosa. Esta mañana he celebrado las tres misas por los sacerdotes de Málaga, Melilla y Antonio.

Y hoy ha salido en la prensa el texto que envié con motivo del Corpus Christi 1983. He aquí parte de él:

El creyente cristiano cree que la mayor donación de Dios es Jesús de Nazaret. Y Jesús, donación definitiva del Padre, nos regala su Espíritu y se hace entrega total en la eucaristía: Misterio de amor para nuestra salud.

Por eso, el creyente cristiano que cree en la eucaristía hace de su vida una historia de comunión.

El Corpus Christi es ocasión propicia para alegrarse con la fe, manifestarla y acompañar a Jesús eucaristía por las calles de nuestra ciudad.

A las ocho de la tarde iniciaremos la Santa Misa concelebrada en el templo parroquial del Sagrado Corazón de Jesús. A continuación, el homenaje procesional con el que los creyentes cristianos de Melilla manifestamos nuestro amor a la eucaristía.

Al itinerario de la procesión podrán integrarse todos los fieles que lo deseen. Están, especialmente invitados, lo niños que han hecho este año la primera comunión y todas las comunidades de jóvenes y adultos de nuestras parroquias.

Por la presente nota quedan invitadas las autoridades y el pueblo de Melilla. Agradezco, a los no creyentes y fieles de otras religiones, su respeto.

10 DE JUNIO

La procesión del Corpus con su natural ritmo, muy bien. La eucaristía concelebrada, impresionante. En la iglesia no se cabía. En la procesión una ingente multitud. Las autoridades respetuosas y con silencio y compostura ejemplar. Al pueblo le agradó, excepto a algún integrista que, a la mañana siguiente vino a decirme que al contemplar a los concejales en la procesión gritó: «¡Este no es mi Corpus!». Después añadió que la verdadera procesión estaba en Toledo donde el cardenal había prohibido la presencia del ministro de justicia. Parece que esperaba mi reacción. Yo me limité a decir: «Usted es libre para pensar como quiera».

Sagrado Corazón de Jesús, te ruego por Melilla.

18 DE JUNIO

El 13 por la noche llamaron de Dos Hermanas y comunicaron a Antonio el fallecimiento de su padre. Los dos nos quedamos un rato en silencio. Acompañé a Antonio en su dolor, pues solo podíamos esperar que al día siguiente hubiese vuelo. Mientras él repetía: «¡Igual que mi madre! ¡Igual que mi madre!».

Por la mañana tuvo suerte: pudo volar en la Estafeta Militar hasta Morón…

Ayer me fui al paseo marítimo. Me encontré con el hermano Braulio, mi antiguo profesor en la Salle, y, mientras paseábamos, se acercó un marroquí a saludarnos. Venía de la playa y no vestía traje de baño.

—¿No te bañas? —le preguntó el hermano.

—No, estamos en ramadán: si te bañas comes, y si comes pecas...

Y ante, la expresión de nuestros rostros, añadió:

—Sí, si te bañas con agua salada es alimento porque tiene sal. Si fuese agua dulce puedes bañarte, pero con sal no, porque a lo mejor te entra agua por la oreja o por la nariz y entonces comes. No. No me baño.

Este jueves tuve reunión con la comunidad. Analizamos la celebración del Corpus con sus pareceres y opiniones. La conciencia crítica es buena, pero para nosotros desde el evangelio, la justicia, la paz y la escucha. He ahí nuestro reto.

15 DE AGOSTO: ASUNCIÓN

Hace días que volví de unas cortas vacaciones. Pasé todo el tiempo con mi madre. Ella prosigue con su lento declive. Lleva ocho meses en la cama.

El viernes, mientras atendía a unas personas, se asomó a la puerta del archivo una señora, la vi apenas un instante y me pareció marroquí. Esperó sentada en el banco de la entrada, y cuando se marcharon los que atendía, pasó y solicitó una partida de bautismo.

—¿La suya?

—Sí —respondió.

La estaba escribiendo y le pregunté dónde vivía. Me dijo que en Valencia, que estaba casada con un musulmán. Que su esposo era médico y ella también. Que era española, aunque parecía marroquí.

Yo la escuché con agrado, aunque de vez en cuando le hacía alguna pequeña pregunta. Ella dijo:

—Si volviese a casarme lo haría con un musulmán, pues cada vez me siento más identificada con este pueblo. Sufren muchos desprecios, tantos, que tendría que ser insensible para verlos así y no amarlos más.

La vida de esta señora me pareció una viva experiencia de encarnación.

19 DE AGOSTO

Desde que se marcharon las religiosas de la calle Miguel Zazo, almuerzo con los hermanos de la Salle, por eso, ahora, sin la presencia de los hermanos y sin Antonio —que están de vacaciones— me tengo que hacer la comida. Lo que me obliga a subir al mercado. Me gusta ir al mercado. ¿Quizá porque de niño acompañé a mi madre en Antequera? No conozco a los que regentan todos los puestos, pero es una gozada saludarlos. Algunos clientes sonríen al ver al sacerdote aguardando en la cola con su bolsa.

Un mes completo

El mes de octubre ha estado pleno.

El primer fin de semana tuvimos un cursillo sobre catequesis dirigido por Juan Morales y Antoñita. Me ha encantado ver a mi compañero tan entregado a la catequesis; Antoñita ha sido un testimonio vivo. (Me han dicho que trabaja en Renfe, en el taller de reparaciones con su mono y un martillo pesado), además de eso, encuentra tiempo para ser catequista y acompañar a su párroco en un cursillo en el que nos ha impartido una preciosa charla.

En el segundo fin de semana, don José Piña, vicario del Plan Pastoral Diocesano ha tenido un largo encuentro con los responsables y miembros del Catecumenado de Adultos. Positivo.

En el tercer fin de semana estuve en la reunión con los vicarios en Málaga.

El jueves 20 celebramos una catequesis sobre el bautismo en el Monte María Cristina, entre las asistentes: tres muchachas mayores de edad, recién bautizadas, ofrecieron los testimonios de su experiencia de fe en Jesucristo. El Espíritu Santo las iluminaba y los asistentes, jóvenes y mayores, impactados. Oíamos cómo esas tres jóvenes, con un sencillo lenguaje, enaltecían la obra de Dios en los pequeños. Encuentro que mostraba la alegría de una fe vivida.

Y en el último fin de semana, María Victoria, carmelita descalza, dirigió un cursillo de dinámica de grupo».

«Gracias, Padre, porque has revelado estas cosas, no a los sabios y entendidos, sino a los pequeños».

Propuesta de estadística

El jueves, al concluir la clase con primero de BUP, pedí voluntarios para hacer una estadística sobre la asistencia a misa dominical en Melilla. En el recreo se me acercaron tres alumnos —una muchacha y dos chicos— me dijeron que ellos, con siete más, estaban dispuestos.

Agradecí su disponibilidad y les dije que tendríamos que hablarlo, porque habría que ir al Negociado de Estadística y Territorio e informarnos de los habitantes de la ciudad, separando marroquíes, hebreos, hindúes, españoles y otros.

La joven preguntó:

—¿Y los ateos dónde se incluyen?

—Será difícil —dije—, pues no podremos saber quiénes son.

Me miró y exclamó:

—Es que yo soy atea.

Sonreí y le pregunté:

—¿Por qué eres atea?

—Porque no creo en la institución de la Iglesia.

—¿Nada más que por eso?

—Tampoco creo en las religiones.

—Ah, —dije— ¿pero solo por eso?

Enrojeció y soltó:

—No creo en Dios.

—Vaya, eso es otra cosa.

Los dos chicos observaban en silencio.

—Bien. Tú no crees en Dios. Mejor, tú crees que Dios no existe. ¿Estás de acuerdo?

Me miró y dijo secamente:

—Sí.

—Entonces, tú y yo tenemos en común algo que se llama fe: la mía me dice que Dios existe, la tuya que no existe. Yo no puedo ponerte a Dios en tu cartera y tú no puedes ponerme su no existencia en la mía… ¿Me he explicado?

Esperé su respuesta. Y tras unos segundos respondió:

—Creo que sí.

—Bien, entonces, yo debo respetarte y tú debes hacer lo mismo.

Se le iluminaron los ojos.

—Mira —dije— yo pienso que lo más importante es que nos queramos.

Los jóvenes sonreían y cuando se marchaban la muchacha se volvió, se me acercó y me alargó la mano.

Apuntes de un pequeño diario (10)

19 DE NOVIEMBRE 1983

Hace unas horas vino Rafa en mi búsqueda: su esposa, en una clínica de Granada, había dado a luz un hijo mongólico y enfermo, según dijo. Fue bautizado por una enfermera y me preguntó si religiosamente se le podía hacer algo más. Le dije que iría a ver al hijo y a la madre... Y he ido a su casa. El hijo: huesos, piel arrugada, boca succionando el chupe y ojos desmedidos. Me pareció el hombre más anciano que jamás había visto. La madre sostiene al hijo con transparente ternura. Los dos componen una estampa única. Besé a la madre y al hijo. Y, tras aclararles lo que podíamos hacer, les conté algo que había leído:

—Dios es como el alfarero que de vez en cuando se fabrica un cuenco para él, distinto de todos los demás. Solo pide a los hombres que se lo sostengan.

La madre me miraba llorando.

Al salir de su casa me dijo Rafa:

—Sin fe ¿cómo se podrá vivir un trago así?

25 DE NOVIEMBRE

Acaba de llegarme *Visiones y lástimas,* un libro de Enrique Molina con esta dedicatoria:

A nuestro queridísimo hermano Lorenzo, que nos sostiene la fe en tantas cosas (o solo unas pocas realmente importantes).
Con el doble abrazo de Charo y Enrique.
Málaga 15, nov. 1983.

Repaso el libro y encuentro una página final titulada: «Dedicatorias», y entre otras: «*Visión de los pobres* a Lorenzo Orellana». Toda una sorpresa.

«*Visión de los pobres*» es un poema de treinta y cinco versos que ayudan a sentir cómo ve el poeta a los pobres: «Veo los pobres por los pasillos de mi corazón, demandando permiso para todo». Y al final del poema deja estos versos:

Los pobres se quedan esperando, allí siguen, en los pasillos de mi corazón.
Desconfían razonablemente de mis gafas, combatidas por el clima de los museos;
desconfían de mi corazón mismo, prolijo como un laberinto,
expuesto siempre a confundir su propio temblor
con la vasta transparencia del suelo bajo las pisadas de la gente,
pero dispuesto desde siempre a amarlos, tal vez inútilmente decidido a albergarlos
y levantar con ellos las irrevocables palabras de la fundación de su reino.

¡Qué buen regalo! Gracias, Enrique y Charo.

18 DE DICIEMBRE

Ayer tuvimos un encuentro en el que participaron varios grupos y comunidades de la parroquia: setenta personas que representaban a muchas más. Algo hermoso. Los jóvenes y los mayores descubrieron cercanías inesperadas. Todos empeñados en una más viva experiencia de fraternidad. Lo iniciamos reflexionando personalmente, a continuación, en grupos y, por último, un representante por grupo exponía las acciones que deberíamos vivir para acrecentar el espíritu de fraternidad en la parroquia y en Melilla.

Como la Navidad está cerca, concluimos con una celebración comunitaria del sacramento de la penitencia. Salimos contentos, animados y enriquecidos. Merece la pena lo que dice Pablo en la segunda a los corintios: «*sed adiutores sumus gaudii vestri*» —somos cooperadores de vuestro gozo— (1,24).

23 DE DICIEMBRE, ANTEQUERA

Hoy es el veintidós cumpleaños de mi ordenación sacerdotal, y desde ayer estoy en casa: mi madre se muere.

Hice el viaje por Almería, pues no hubo avión alguno y al barco no le tocaba el trayecto de Málaga. Así que tras pasarme casi todo el día 21 en el aeropuerto, a las doce de la noche embarqué con el coche rumbo a Almería.

Y ahora, en la lenta pelea de una naturaleza minada y un corazón luchador, mi madre aguanta. Los calmantes no surten efecto. Reza y se queja. Y nosotros, junto a ella. Las hijas maravillosas, mi padre entero, los hijos con sufriendo, y ella dando su total dimensión. Todos hemos pedido que se abrevie la hora, pero parece que Dios se hace el distraído y la alarga. Acabo de ofrecer la misa por ella, vuelvo y continúa en la cruz. Ayer, nada más llegar, le pregunté si quería recibir el sacramento de la unción de los enfermos. Me dijo que sí. Se lo administré. Y hoy hemos rezado juntos la recomendación del alma. Mañana, sábado, día particular de los devotos de la Virgen —ella de su Virgen del Carmen de Palenciana— a la que hizo la promesa de vestir siempre de marrón si mi padre volvía sano de la guerra. Madre del Carmen, ayúdala.

24 DE DICIEMBRE

Señor, estamos hechos polvo. ¿Qué más quieres?

25 DE DICIEMBRE

Navidad, y mi madre sigue en agonía.

27 DE DICIEMBRE

Ayer enterramos a mi madre. Y hoy, veintidós años después de mi primera misa cantada, siento fuertemente que ella murió en mitad de unas fechas claves en mi vida: la ordenación y las primeras misas.

Un rato antes de su muerte me acerqué a su cama, tomé su mano y descubrí que solo tenía huesos bajo la piel, y, ante tan cruel despojo, me subió del pecho un ahogo y se me saltaron las lágrimas. Ella, con una inmensa ternura, se me quedó mirando. El amor en sus ojos taladró mi alma. ¡Qué tierna y sugerente mirada! Gracias, madre. Poco después su respiración se serenó y comenzó a envolverme una extraña paz. No me atreví a manifestarla, pero he aquí que Rosarito, mi hermana, gritó: «¡Pero si estoy en paz!». Y, tras un silencio, pregunté:

—¿Qué cosas podríamos recordar de mamá?

Junto a su cama los seis hijos. Nuestra madre muriéndose y nosotros en paz hablando de ella: María Teresa, tan espontánea, dijo que era una gran mujer; Amalia la vio como buena madre y esposa; Rosarito siguió…, y alcanzamos un diálogo sereno. Todos comulgando con lo que los demás iban expresando. Diego la destacó como esposa, en unos años difíciles en los que eso se manifestaba aún más. Yo añadí que, para ser madre y esposa tan ejemplar, era sobre todo una gran persona. Hablamos durante hora y media de su feminidad, de su paz, de su sentido del humor —no hacía mucho nos había dicho: «¡Que tonta soy, hijos, pero mira que no saber morirme!»—. Y recordamos su orgullo de ser madre, su alegría y que no permitía la crítica. Ramón puso una bella nota de humor. La paz se palpaba: nuestra madre muriéndose y nosotros comulgando con su herencia. Uno fue al comedor, donde los yernos arropaban con su amor y conversación a nuestro padre y le preguntó:

—Papá a ti que es lo que más te gusta de mamá.

—A mí, me gusta todo —fue su respuesta.

Y recordamos que papá siempre decía:

—A vosotros, hijos, os quiero mucho, pero no olvidéis que a la que más quiero es a mamá.

Cuando acabamos de hablar, su respiración entró en la más difícil apnea.

—¡Cómo nos estás purificando, madre! —dije.

Y Rosarito añadió:

—Pues a mí, que me deje un poquito sucia, pero que no sufra.

María Teresa está embarazada y sus hermanas la mandaron fuera. Yo, en la oscuridad de la muerte de mi madre, sentí que en ese momento estaba aconteciendo la plena apertura de su ser para que libre de todo obstáculo material, su alma pudiese volar al encuentro de Dios. Y me repetí: «Todo es don».

Cuando expiró volvió de nuevo la paz. Ojalá nos hagamos dignos de ella.

Ayer, a las cinco de la tarde, celebramos el entierro. Vino el señor obispo, quien presidió la eucaristía con doce sacerdotes. Don Salvador Montes dirigió los cantos.

Gracias, Señor, por la madre que nos diste.

Por el padre que nos dejas.

Por los hermanos y sobrinos.

Por Chari y Puri, Juan, Pedro y Antonio.

Gracias porque tú quieres que al sentirme huérfano tenga esta sensación de compañía que me da mi madre muerta…

30 DE DICIEMBRE

Mi padre y yo, como todas las tardes, hemos ido a San Sebastián: he celebrado la misa de las seis y media. A la vuelta, en el salón, ante todos, mi padre ha dicho:

—Esta tarde me he confesado, pues tenía un no sé qué que me inquietaba. Y es que estuve muy duro con el Señor, hasta faltó poco para que me peleara con Él, por lo que fui a confesar. Lo mejor es que don Antonio me ha dicho: «No se preocupe usted, eso ha ocurrido por la mucha fe que usted tiene». Menos mal, nos miró y sonrió.

1 DE ENERO DE 1984

A veces se oye decir: «la salud de las personas mayores son los niños». Frase que acabo de comprobar, pues Mari Tere, la sobrinilla de casi tres años, se ha convertido en la salud de mi padre. Antes de la muerte de mi madre lo llamaba abuelo, pero ahora se acerca a él con frecuencia, e intuyendo el drama le dice: «Tú eres el niño chico y yo la mamá», y le da un beso.

26 de enero, Melilla

Ayer cumplí cuarenta y siete años. Y hace un mes que enterramos a mi madre.

Hoy me he encontrado con una poesía de Enrique Molina titulada: «Madre». Copio unos versos:

Madre se llama los regresos del hombre,
los nudos del vivir. El hombre sale
de sus sueños y vaga. Madre aguarda,
dice su fiel palabra, se arrodilla, vela.
El hombre abandona sus razones
y cae en madre como en un olvido.

Escribe el poeta:

El hombre abandona sus razones
y cae en madre como en un olvido,

Y he recordado que, desde pequeño, cuando impaciente le preguntaba: «¿qué vamos a hacer?» Ella me repetía: «hijo, vamos a hacer bien lo que estamos haciendo». Gracias, madre, que yo caiga en tu presencia.

El cuerpo es el cuerpo

Me han contado que don Miguel Martín, célebre párroco de san Gabriel en Málaga, mientras celebraba la santa misa se le descompuso el vientre y salió a toda prisa hacia el retrete. Los presentes esperaban preocupados sin saber qué había ocurrido. Al rato volvió, se inclinó de nuevo ante el altar, se enderezó, contempló a la asamblea, sonrió, y elevando los brazos con voz lastimosa exclamó:

—¡El cuerpo es el cuerpo!

El cuerpo es el cuerpo, qué verdad. Esta mañana he experimentado un malestar desconocido, nunca me había pasado. Es como si una tristeza biológica se estuviese, poco a poco, adueñando de mi cuerpo. Creo que entiendo mejor a las personas que padecen depresiones. Siento ráfagas de miedo. Intento reponerme. Me digo: «yo soy el que he de superar esto; yo el que he de beber el cáliz de mi amor sacerdotal». Pero aunque sé que mi madre velará por mí y que la fe ha de ser mi fortaleza, temo que la tristeza se convierta en un huésped incómodo.

Durante las mañanas he comenzado a sentir presión en el cerebro y tensión en el cuello, por las tardes mejoro. Así que he ido al médico de la seguridad social, y tras esperar una hora con el número en la mano, en un ambiente tenso, he pasado al despacho del doctor. Estaba sentado escribiendo sin levantar la cabeza… Cuando concluyó, sin mirarme, preguntó:

—¿Qué le pasa?

Le comunico mis síntomas y él permanece en silencio mientras la enfermera me tomó la tensión: «diez con cuatro», dice. Y el doctor me manda unos análisis para el miércoles.

El miércoles a las ocho de la mañana ya estaba en la sala de espera con muchos más. Parecíamos ovejas en el esquiladero. «Los siguientes», dijo una voz. Y entramos, creo que tres, extendí el brazo: pinchazo y sangre fuera. Me dieron cita para el martes… Y el martes me atendió una doctora que, tras repasar el resultado, exclamó:

—Esto no está bien, desde luego podía estar peor.

Y me mandó unas pastillas.

—¿Podría ser la crisis de la madurez? —pensé…

Pero han pasado unos días y la salud está mejor: he ido a ver a un médico amigo… La tensión estaba bien y me recetó un nuevo medicamento. Nos pusimos a hablar. Es una persona sabia y encantadora. Es más, me preguntó:

—¿Usted fuma?

—Lo había dejado —le dije—, pero el año pasado la procesión de la Soledad resultó tan bien que, a su término, alguien me alargó un cigarrillo, y sin darme cuenta lo cogí, fumé y volví al tabaco.

—Pues si yo fuese usted, dejaría de fumar —me aconsejó.

Lo miré y pensé: «Lorenzo, tú das consejos y don Antonio acaba de darte uno para tu bien, debes cumplirlo». Y en eso estoy.

Apuntes de un pequeño diario (11)

18 DE MARZO DE 1984

Hace días tuve una nueva experiencia. Había dicho a los alumnos de segundo de BUP: «Si la fe no se vive y se celebra la ponemos en peligro». Por lo que invité a cuantos quisieran a una celebración del sacramento de la penitencia en la parroquia, el sábado a las cinco de la tarde. Estaríamos nosotros solos. Pensaba que sería un éxito si se presentaban seis o siete. ¡Qué poca fe la mía! Se presentaron dieciocho.

Ayer, la cofradía de la Soledad me regaló su insignia de oro. No lo esperaba.

Cada día observo, con más claridad, que Dios nos aguarda tras los pequeños aconteceres. «Para quien sabe ver, todo es presencia de Dios». ¡Qué verdad! Jesús avisó: *«Benditos los ojos que ven lo que vosotros veis»*, (Lc 10, 23), y su palabra sigue siendo actual. Sin embargo, podemos dar por supuesto el amor de Dios y no advertir su presencia. Por lo que perdemos la capacidad de admirarnos y se entibia nuestra relación con Él. Y es que, ante la misericordia divina, la sorpresa es el primer dato.

¡Gracias, Señor, siempre me desbordas!

Esta noche he soñado con mi madre, ¡qué regalo! La he visto envuelta en una cálida luz y hablando con la Virgen.

Las dos sentadas frente a frente. De la Virgen solo veía la espalda, pero a mi madre la tenía de frente. Mi madre hablaba de sus hijos, y en el momento que la contemplaba absorto, ella decía: «Tengo un hijo sacerdote». Y la Virgen musitó: «Le ayudaremos, Rosario». Palabras que me envolvieron con una serenidad tan cálida y distinta que desperté sonriendo y feliz. ¡Qué bello regalo, cómo colma mi alegría y me empuja a vivir agradecido!

He recordado que en el libro de Job se dice que Dios habla en los sueños.

Mañana, día del patrón de los sueños: gracias, san José.

23 de abril

El balance de esta Semana Santa es muy positivo: las celebraciones litúrgicas a tope. El Jueves y Viernes Santo dijo Pepe Guerrero: «Agotamos el papel, no quedan asientos».

La religiosidad cofradiera está volviendo con gran recogimiento. Antes de mi llegada, el clero o parte de él, se opuso a las procesiones y lograron que estas se prohibieron en Melilla —solo en Melilla, no en el resto de la diócesis—. Poco después de mi llegada, dos señores mayores, en nombre de los antiguos cofrades, me informaron del deseo de volver a manifestar su fe a través de las procesiones. Lo pregunté en el obispado y se acordó que redactasen nuevos estatutos, los hicieron. Se les otorgaron los permisos pertinentes y la celebración popular está siendo de gran recogimiento y entrega. Bendito el pueblo que hace suya la manifestación de su fe. Por supuesto que es deber nuestro ayudarles para que vivan como cristianos, oren y sientan el dolor de los pobres, ya que el mejor regalo que podemos hacer a Jesús es atenderle en los necesitados, él nos lo ha dicho: «Lo que hacéis a uno de estos, mis pequeños hermanos, a mí me lo hacéis».

En mitad de la Semana Santa se me acercó una anciana y dijo:

—Padre, el hábito no hace al monje, es verdad. Como también lo es que el hombre es el que hace al sacerdote. Usted va por buen camino.

Me ruboricé y le dije:

—¡Caramba, señora, eso sí que no lo esperaba! Quiera Dios que siempre sea fiel a lo que usted me está anunciando.

Y le di las gracias.

El Viernes Santo participé en un programa de radio. Y, aunque preguntaban abiertamente, yo solo deseaba ser un sereno testimonio del amor de Jesucristo…

30 DE ABRIL

El viernes 27 intenté tomar el primer vuelo para Málaga, había reunión de vicarios episcopales y a mi padre, el colegio San Francisco Javier, La Salle, le daba un homenaje. Pero el pozo, que a veces es Melilla, se despertó con tiempo revuelto: incomunicados. A las once se suspendió el vuelo de las nueve menos cuarto. Permanecí a la espera en el aeropuerto. A las dos de la tarde el día se puso radiante, y a las tres me dijo

José Luis Suarez: «El avión viene».Y él mismo se encargó de agenciarme el asiento. A las cinco y media llegué a Málaga. De la reunión de vicarios, por supuesto, ni rastro.

Me fui a Antequera. Mi padre esperaba nervioso. El programa del homenaje que le ofrecían rezaba:

La Salle, una gran familia
Cena homenaje a Diego Orellana Velasco
Hora: 21:30

Fue un acto entrañable. Tras los postres hablaron: el representante de los organizadores, el director del colegio la Virlecha, un padre de familia,[25] uno de los profesores del colegio San Francisco Javier, el hermano director y don José Antonio Muñoz Rojas, compadre y amigo de mi padre, quien leyó unos folios.

Gocé al ver que el Diego de siempre era reconocido por su temple de buen artesano y por su fidelidad.

Al final me invitaron a hablar. Dije:

—Papá, el cincuenta por ciento de cuanto esta noche se te ha dicho es de mamá.Yo doy gracias a Dios por ti y por ella.Vosotros fuisteis nuestra tierra bendita.

Y recordé que de él aprendí a conocer la madera y las herramientas y, sobre todo, su amor al trabajo y su gran

---

[25] Los padres de familia le dieron una placa con la siguiente inscripción: «La Asociación de Padres de Familia La Salle a D. Diego Orellana Velasco, con agradecimiento a la labor realizada en este centro con nuestros hijos. Antequera 1943-1984».

generosidad, como el día que repartió el pan que teníamos con un pobre que se acercó a pedir.

Al concluir el acto y despedirnos, pedí a don José Antonio su escrito y me regaló estos dos folios que he conservado:

Amigo Diego:

Me piden que escriba algo para este homenaje que a usted le hace nuestra fundación, y cuando me pongo a ello encuentro que no sé por dónde empezar. Se me vienen tantos recuerdos de estos años en los que usted ha sido tan parte de nuestras vidas y nosotros de las de usted. Aunque de usted nos seguimos tratando al cabo de ellos —y quiero detenerme en esto del usted—. Hoy nadie entendería que amigos como nosotros se hablen de usted y, sin embargo, ese usted que a diario le soltamos, significa más de lo que parece. Significa algo que no abunda, y es el respeto. El respeto a su persona y a lo que su persona significa; respeto a su vida, en la que el trabajo, con ser importante en ella, no lo es todo, sino el sentido con el que ha sabido usted llenarlo, con sus escoplos y sus formones, con sus peinazos y ensambladuras, con su infinita facundia.

—Por Dios, Diego, calle usted un momento, déjenos meter baza.

Porque Diego habla mientras trabaja, mientras come, mientras anda, mientras duerme, mientras vive, revienta si no habla. Parte de él es su habla como lo son su banco y su martillo. Oh, los martillazos y los cepillazos de Diego. Hay una palabra que a Diego le va como pocas y que lo define como ninguna. La palabra «alma». Pone alma, su alma, en todo: en la manera de andar, en el subirse al tejado, en la de cepillar o escoplear, en la de trabajar. Pone su alma y allí la deja, la ha ido dejando toda su vida, tantos años ya desde aquellos al comenzar los cuarenta, en que llegó a una casería, deshecha que le debe en buena parte su resurrección, y en la que empezamos una relación y una amistad que duran más de la mitad de nuestras vidas, y en la que, como en todo, ha puesto usted su alma. No hay más que ver la manera cómo va usted hacia las cosas. Está usted en ellas antes de decirlo. Llega usted antes de salir. Y acción y palabra van en usted tan aparejadas, que apenas hay modo de deslindarlas.

Tan cerca hemos estado estos años que, si algo necesitara para recordarle no tengo más que volver los ojos en cualquiera de nuestras habitaciones para encontrar su huella personal, en la mesa, en el marco, en la puerta, en el techo, en la repisa, en la librería. En todas está el «Diego fecit». A veces alguna madera se queja, porque el verano la encoje, y se queja y decimos «Diego fecit». Porque la madera también tiene alma y nos hace recordarle. Ese «Diego fecit» podríamos ponerlo no solo en los trabajos de su oficio, sino en todos los actos de su vida. Y aunque de paso: ¿quién como usted ha llenado el oficio de entrega, de afición y hasta de capricho, como cualquier oficio bien entendido exige? No solo de sabiduría artesana, sino de espíritu.

¡Qué recorrido desde aquellos años en que iba usted a San Juan —en bicicleta— a ver a una Rosarito, que tan

fielmente le acompañó en vida y que supo darle lo mejor de ella en unos hijos ejemplares, pasando por la casería, la obra de la fundación, hasta el día de hoy! En todo ha estado usted presente, está siempre presente, como en nuestra amistad, que nos hace unirnos de corazón a este acto que hoy tan merecidamente se le ofrece.
Firmado: José A. Muñoz Rojas

Tras la cena, ya en casa, no pude dejar de pensar en mi madre. ¡Cuánto le hubiese gustado a él tenerla a su lado y a ella acompañarle! ¡Y cuánto hubiésemos gozado sus hijos! ¡Ay, madre, cómo me dejaste el corazón!
Y releí de Juan Ramón Jiménez:

¡Qué bien le viene al corazón
su primer nido!
¡Con qué alegre ilusión
torna siempre volando a él; con que descuido
se echa en su fresca ramazón,
rodeado de fe, de paz, de olvido!
... ¡Y con qué desazón
vuelve a dejarlo, pobre y desvalido!
Para que en un trueque de pasión,
el corazón se trae, roto, el nido,
que se queda en el nido, roto el corazón!

Sí, Señor, se me ha quedado en el nido roto el corazón. Hágase tu voluntad.

Treinta años de colaboración

En 1984 se cumplen treinta años de colaboración de la diócesis de Málaga con la Iglesia en Venezuela.

Fecha que me llevó a escribir un artículo. Lo envié a don Ramón y él lo mandó al *Diario Sur*. El 16 de junio se publicó:

Treinta años de colaboración con Venezuela

La diócesis de Málaga cumple treinta años ininterrumpidos de ayuda a la Iglesia en Venezuela.

Su colaboración ha sido mucho más que un gesto ya que, hace treinta años, una diócesis con escasez de clero hizo suyo el valor evangélico de la catolicidad, para vivir, desde su pobreza, la presencia misionera ad extra. Ser hoy herederos de aquel compromiso y realidad es una exigencia y una gracia.

Una exigencia, porque nuestra Iglesia Diocesana ha de tener la valentía de la continua apertura: nadie es pastoralmente más pobre que quien se encierra en sus horizontes. Exigencia que debe llevarnos a la periódica renovación de aquel lejano envío de sacerdotes.

Y una gracia, porque esta herencia diocesana es una llamada a la conciencia misionera de cada malagueño, de cada comunidad y parroquia. Nuestra diócesis se ha examinado en estos años y se ha dicho: «Somos Iglesia en la medida que evangelizamos y nos dejamos evangelizar».Y con su obispo, presbiterio y creyentes, se ha embarcado en un plan trienal de una más intensa evangelización. Plan que también debe pasar por el compromiso con la Iglesia Universal, para nosotros en el área concreta de la Iglesia venezolana, solo así podrá tener el sabor auténtico de Jesús.

Pero para tomar conciencia de esta exigencia de nuestra fe hemos de ponernos en actitud de servicio y aprendizaje. Ya que la Iglesia venezolana tiene su propia historia y peculiaridades, su talante humano y religioso, sus problemas y riquezas, sus valores e increíbles esperanzas. Estar comprometidos con aquella Iglesia exige una actitud de servicio que ha de llevarnos a una generosa disponibilidad para dar el salto si nos necesitan, al tiempo que alentamos a los que allí se encuentran.

Acabamos de celebrar 1950 años de la Redención: la respuesta de Dios al problema y misterio del hombre. Jesucristo es, para nosotros, el lugar privilegiado del encuentro con Dios. Y Él nos dijo: «Id y proclamad lo que yo os he enseñado».[26]

En la diócesis de Málaga algo está en ebullición, el Espíritu no descansa, no dejemos pasar la urgencia del amor de Cristo.

---

[26]   Cf. Marcos 16,15.

Apuntes de un pequeño diario (12)

25 DE OCTUBRE DE 1984

Hace meses que me espera esta libreta: se amontonan nuevas vivencias.

La más llamativa es la huelga de los obreros de la compañía eléctrica Gaselec. Obreros que se han encerrado en la parroquia sin yo saberlo. Por eso, cuando vinieron a contarme su decisión les dije: «Vuestro encierro en la iglesia me hubiera gustado conocerlo con antelación —y añadí—, ¿no sería más efectivo en un sindicato?». Y me afirmaron que no se fiaban de nadie… Por lo que les comuniqué que tenían que respetar el templo como lugar de culto y oración. «Esa es nuestra primera decisión», dijeron. Hasta hoy lo han cumplido. Durante las eucaristías y sacramentos se retiran en silencio al salón parroquial. Duermen, comen y fuman en dicho salón. Por las noches les visitan sus compañeros.

5 DE NOVIEMBRE

Hace once días que los obreros prosiguen su huelga en la parroquia. Por las tardes paso un rato con ellos, y el señor obispo, que vino el sábado para el encuentro con los cristianos de Melilla, también estuvo con ellos.

En el encuentro con los cristianos, don Ramón hizo una bella introducción del plan trienal de evangelización, respetando los otros campos vivos de la Iglesia, y se detuvo en el Catecumenado Diocesano. Me agradó.

22 DE NOVIEMBRE

Los obreros en huelga llevan un mes en los salones de la parroquia.

19 DE DICIEMBRE

Los obreros de Gaselec han perdido el juicio. Han recurrido y siguen esperando en los salones parroquiales...

Ayer vi en la iglesia un hombre con un lejano aire clerical. Yo iba hacia el confesionario y su presencia me llamó la atención. No lo conocía y me acerqué. Le pregunté si era de Melilla. Me respondió, en un esforzado español, que era un sacerdote inglés. Me senté en el banco y nos pusimos a hablar. Dijo que estaba enfermo de los nervios. Que era malo vivir solo. Que se había venido de Mánchester porque allí la Navidad era una fiesta familiar y a él le iba a doler mucho. Estuvimos hablando hasta la hora de la misa. Lo que más me impresionó fueron sus últimas palabras: «Llevo cinco días en España y usted es la primera persona que me habla».

Qué de solitarios viven entre nosotros.

Señor, te pido por Bernard, a quien dije: «por favor, no se quiebre usted». Y él, medio sonriendo, añadió: «la gracia son los otros». «Sí, sobre todo el gran Otro», le dije.

Señor, te doy gracias por la fe y por tu compañía. Y te suplico que no olvides tus palabras: «No sois vosotros los que me habéis elegido, soy yo el que os he elegido».[27]

21 DE DICIEMBRE, ANTEQUERA

Anoche me vine en barco, estoy en Antequera, pasaré una semana con mi padre. También se embarcaron los profesores del instituto que no son de Melilla. Estuve hablando con J. y T.

El primero, con su ateísmo resentido, me pincha siempre que puede. Sostiene que todo aquel que ha estudiado cuatro años en un seminario, como él, tiene que ser anticlerical. Le dije: «quien no asume su pasado en paz, no llegará a ser plenamente adulto». Pestañeó.

El segundo ha estado en Hispanoamérica, como profesor de una universidad. Allí conoció a Allende. Le pedí una opinión sobre él. Y me dijo algo que yo no esperaba: «Allende era un idiota. Un hijo de papá que fue expulsado del colegio de médicos por inepto. En su mandato se cargó las minas de cobre al permitir una explotación salvaje».

¿Qué hay de cierto o falso en esas palabras? Lo ignoro…

---

[27] Juan 15, 16.

Hoy hemos tenido reunión de vicarios. Yo, tras la noche en barco sin apenas dormir, la llegada al puerto, la espera en la aduana para pasar el coche, la subida al seminario y encontrarme solo, sin ni siquiera poder desayunar, me colocó en una situación de cansancio desabrido. Lo que me llevó, durante el almuerzo, a soltar este desahogo:

—Qué solos y aislados estamos en Melilla…

Nadie me prestó atención, excepto don Ramón, quien dijo:

—No digas eso, que allí te tengo a ti.

—Sí —dije sonriendo—, pero me mandó cuando no me conocía…

Él no debía tener ganas de sonreír, o no tenía el cuerpo bien, o solté una impertinencia, o estaba como yo, porque dijo muy serio:

—Es la zona que más visito…

Y es una gran verdad, por lo que no di importancia a su seriedad, pues creí que había entendido mi desahogo, y exclamé con un aire de guasa:

—¡Sí, pero a veces el avión no sale y uno tiene que quedarse…!

Y mientras yo le sonreía, él estalló:

—¡Eso no se dice! ¡No se dice a un compañero y menos a un obispo!

Lo miré y estaba lívido. Yo no sabía dónde meterme y más cuando añadió:

—No tienes educación.

Se me conmovió el firmamento, pero me aguanté y dije:

—Usted perdone, no quería ofenderle y mucho menos con una falta de educación.

Él debía sentir la necesidad de desahogarse y concluyó:

—Eres un deseducado. Ya te voy conociendo…

¡Dios, cómo me dolió! Pensé levantarme e irme, pero me quedé en silencio.

Lo pasé mal, muy mal. Cuando aminore este momento le voy a pedir que me retiren de vicario episcopal y de todo lo que quiera.

Es verdad que después, un compañero vino a decirme que no entiende nuestras bromas.

Es la primera vez que alguien me llama mal educado, le pido perdón, y encima lo repite.

Quizá sea este mi pobre regalo de Navidad para el Señor. Don Ramón debe estar pasándolo mal: Señor, te ruego por él…

Pasado mañana es el cumpleaños de mi ordenación sacerdotal.

27 DE DICIEMBRE

El día 24 no me encontraba en casa y cuando llegué me dijeron que don Ramón había llamado. Llamé al obispado y la telefonista me dijo que no se encontraba allí.

Era la primera Navidad sin mi madre. En casa estábamos mi padre y yo solos, y, tras la cena, como siempre, mi padre se acostó pronto.

Al día siguiente, mi padre y yo fuimos a la misa de las once. La celebré y tras la misa dimos un paseo por la calle Estepa. Allí nos encontró mi hermano Ramón, nos saludó y dijo: «El señor obispo me ha llamado preguntándome por ti. Dice que te ha llamado sin encontrarte, por lo que me ha pedido que, en su nombre, te diga: "Felices Pascuas y que lo disculpes"».

Oí a mi hermano e hice como si fuese algo rutinario. Se quedó intrigado, pero no añadí nada más y proseguimos con nuestro paseo.

Pensé escribir al señor obispo, pero no sabía cómo, así que esperé. Por nada del mundo quisiera perder la paz o dejar de ser quien soy; no querer a mi obispo u olvidar que mi vida es la historia que Dios está haciendo conmigo. Por ello, me gustaría vivir «la gracia vital», con la que, «sabiéndose uno pecador, confía siempre en la misericordia de Dios». Santa Teresa de Lisieux, tres meses antes de morir, dejó escrito a lápiz:

«No es al primer sitio, sino al último al que me lanzo; en vez de adelantarme con el fariseo, repito llena de confianza la humilde oración del publicano; pero, sobre todo, imito la conducta de Magdalena: su asombrosa o, mejor, su enamorada audacia que encanta al Corazón de Jesús, seduce al mío. Sí, lo siento, aunque tuviera sobre mi conciencia todos los pecados que puedan cometerse, iría yo, con el corazón roto por el arrepentimiento, a echarme en los brazos de Jesús, porque sé cuánto quiere al hijo pródigo que vuelve a él», (C 36 v-37 r.).

6 DE ENERO DE 1985, MELILLA

Desde el día 29, Antonio se ha ido de vacaciones, estoy en Melilla con un resfriado de aúpa. Esta mañana comencé la homilía diciendo con voz nasal: «Los Reyes me han traído un buen resfriado». Los presentes sonreían. La tarde la he pasado en la cama. Me acordé del incidente con don Ramón y pensé escribirle. Y mientras discurría mentalmente mi respuesta, recordé a la Virgen, la que callaba mientras el niño crecía dentro de ella, y me dije: «Está claro, Madre, ahora me toca callar». Así, que me levanté de la cama, calenté un vaso de leche y me comí un huevo pasado por agua.

El resfriado sigue. Y, hoy, dando la comunión —por primera vez en mi vida— he tenido que detenerme, limpiarme la nariz y lavarme las manos. Mari, la del coro, me dijo al final de la misa: «Me entraron ganas de coger un pañuelo y ponerme a tu lado: tú dando la comunión y yo, entre cliente y cliente, limpiándote el moquillo. Vamos, algo así como el besapiés del Niño».

9 DE ENERO

Ayer me confesé con el padre Ramón. Es admirable este viejo franciscano responsable de la misión católica en Nador. Sabiendo que ahí está, como testimonio de presencia cristiana. Algo así como dando el tipo en un medio que lo ignora o que, a lo más, lo mira con compasión. Gran fidelidad la de este padre y la de los franciscanos en Marruecos.

Hoy reiniciamos el segundo trimestre del curso.

10 DE ENERO

Esta mañana he recibido una carta de don Ramón escrita el 25 de diciembre:

> *Málaga, 25-7-84*
> *Querido Lorenzo:*
> *Aunque ya os lo deseé verbalmente a los Sres. vicarios, a ti especialmente te deseo y pido a Dios unas felices fiestas, con la disculpa o perdón de tu amigo que te contestó desatinadamente durante el almuerzo del pasado día 21.*
> *Un fuerte abrazo.*
> *Firmado: Ramón Buxarráis.*
> *Nota: Te llamé varias veces, pero fue imposible localizarte en Antequera. Ya te lo diría tu hermano. No me contestes. No lo merezco. Solo te pido que me hayas leído con indulgencia.*

Ante esto ¿qué puedo decir? Me postro ante un hombre de una fe y humildad como la suya. Cuando una persona escribe así, demuestra el valor de la verdad y me gana.

A vuelta de correo le he contestado:

> *Querido don Ramón:*
> *Muchísimas gracias por sus letras que, hoy, día 10 de enero, acabo de recibir.*

Si me dolieron aquellas palabras, fue porque usted,
para mí, es un obispo, padre y amigo, pero esta otra postura
suya me supera en bondad.
Espero que la amistad crezca.
Reitero mi petición de perdón.
Un abrazo.

Lorenzo Orellana.

14 DE ENERO

Desde abril del 36 no se padecía en Melilla un atraco a mano armada. Esta mañana lo ha padecido el banco Santander.

Anoche, a las tres de la madrugada, me llamaron para administrar a J. C., a quien he llevado la comunión los domingos. Él mismo pidió el sacramento de la unción de enfermos. Lo recibió con la más serena fe. Y oró, rodeado de sus familiares y amigos.

Allí mismo me dijo una persona: «Cuando me llegue la hora, con esa lucidez quisiera yo recibir el sacramento». «Siempre que administro la unción a un enfermo —le dije— me sobrecoge, pues a veces mejora o no tarda en fallecer».

A las cuatro me vine de la casa y a las seis de la mañana me llamaron de nuevo: «Lorenzo, ya ha fallecido, queremos que le hagas el entierro».

¡Es tan misericordiosa y larga tu mano, Señor!

17 DE FEBRERO

Anoche, cuando faltaba una semana para llevar cuatro meses en la parroquia, se marcharon los obreros de Gaselec. Cuentan que tienen esperanzas, ya que en la sede nacional de la UGT, en Madrid, no se conocía su caso. No lo entiendo. Y menos que, ahora, hayan venido a constituirse —según dicen— en asamblea permanente en los locales de la UGT. Parecen órdenes de arriba. Sucia política.

Esta tarde fui a Nador a ver al bueno del padre Ramón. Presencia viva de la Iglesia en Marruecos. Lo admiro. Me invitó a un café.

Señor, te ruego por el mundo musulmán y por la presencia cristiana en él. Que todos los creyentes sepamos respetarnos.

25 DE FEBRERO

Hoy 25 se han suspendido las clases en Melilla: desde anoche llueve. Esta mañana han aparecido los coches en los más increíbles aparcamientos: uno encaramado sobre un árbol, y no pocos amontonados como si estuvieran en un desguace. Nunca había visto algo así.

26 DE FEBRERO

La lluvia ha hecho verdaderos estragos, sobre todo en algunos barrios.

Veremos cómo podemos ayudar.

Algunas casas y calles de la ciudad dan pena.

He dicho a Mª Jesús (está haciendo el censo de daños), que los casos que vea más desamparados me los comunique. Cáritas ha abierto una cuenta «prodamnificados». Propondré a los párrocos hacer una colecta especial.

8 DE MARZO

Ayer me envió mi sobrino Juan Pablo dos postales desde el museo del Prado. Las dos de Velázquez: *Cristo crucificado* y *Esopo*. Le había comentado que eran dos cuadros que me impresionan. Él me los remite con estas palabras: «En las dos presencias del hombre: hombre en humanidad, para ser más hombre… Y hombre Dios, para ser más humano… Así te recordé en Madrid».

Juan Pablo es lo suficientemente sensible para llegar a ser el artista que desea.

Reunión con el primer grupo

Anoche tuve reunión con el primer grupo del plan de evangelización de adultos, los miércoles con el segundo.

El responsable del grupo, antes de que se iniciase la catequesis de la segunda etapa, nos comunicó que dejaba de ser el secretario general del Partido Reformista de Melilla.

Nos quedamos sorprendidos. Nadie ignora que Luis es un animal político, una persona que atrae con su palabra y presencia.

«El motivo de esta decisión —dijo— es que hace unos días salieron en la prensa unas líneas afirmando que en la aduana había corrupción (él es el responsable máximo de la aduana en Melilla). He llevado el caso a los tribunales, y, ante esto, parece que se desdicen, pero tengo información fehaciente de que han acordado hacerme la guerra con motivos o sin ellos, con causas o inventándolas. Yo no les temo, pero ese propósito que tienen es para mí un riesgo enorme, porque si atacan a mi señora o a mis hijos, el odio podrá volver a mí y no hay nada más cruel que el odio. Con la transición hemos superado el odio, parece mentira que comiencen a jugar con él. Yo vi en la guerra cómo mataban a mi padre y toda la vida he vivido bajo las garras del odio. Estos podrían de nuevo llevarme a esa cárcel: la del odio, la peor. Pude salir de ese infierno gracias a un cursillo de cristiandad, pero por nada del mundo deseo volver a odiar. Así que, a partir de ahora, me retiro oficialmente de la política».

Guardó silencio, y todos los demás también.

¡Qué dolor! Es increíble que desperdiciemos la oportunidad histórica de hacer una España nueva. Es doloroso que los partidos siembren mentiras capaces de engendrar odio, cuando deberían ser los primeros defensores de la verdad, la ética y la solidaridad, pues apartarse de las líneas morales de la propia historia es el suicidio de la cultura y la nación. Sin embargo, parece que no es ese el sendero que se está tomando, ya que lo primordial es el partido y el poder, no los ciudadanos y la patria. Y hasta olvidan que el ejemplo de los que mandan edifica y arrastra. Con el ejemplo de don Manuel González y don Enrique Vidaurreta,[28] aparecieron unas hornadas de sacerdotes capaces de ser mártires por la fe. ¡Ay de los pueblos cuyos políticos dejan de ser ejemplares! Caminan hacia la ruina. En tiempos de Isabel la Católica su actitud fue tan decisiva que el vulgo acuñó esta letrilla:

Jugaba el rey, éramos todos tahúres;
estudia la reina, somos agora todos estudiantes.

Y ese «agora todos estudiantes» fue un deseo tan importante que produjo un gran cambio: España pasó de cuatro

---

[28] D. Manuel González y don Enrique Vidaurreta fueron el obispo y el rector del Seminario de Málaga.

universidades a comienzos del siglo XVI a tener treinta a finales del mismo.

Por eso, si deseamos construir una democracia real, hará falta cultura, valores éticos, respeto a la justicia, a la libertad y a que se valore lo público más que lo privado... Cuando los dirigentes dan testimonio de los valores y los principios, por ósmosis arraigan en la sociedad.

Salvador de Madariaga, en su libro *A orillas del río de los sucesos*, dice:

> *Justicia, libertad y paz son tres vocablos distintos y un solo concepto verdadero. El abordarlo por uno u otro de sus tres lados es cosa de temperamento. Por eso hay socialistas, que lo abordan por la justicia; liberales, que lo abordan por la libertad; y conservadores, que lo abordan por la paz. Si no se extraviaran, se encontrarían en el concepto, que los aguarda en la confluencia de las tres avenidas semánticas; pero suelen extraviarse, sobre todo por presuponer que «el otro» no viene con buena intención.*[29]

Y es que, cuando los que gobiernan no dan ejemplo, la democracia se convierte en partitocracia, que viene a desembocar en dictadura del partido. Y el pueblo vuelve a desear aquellos tiempos en que cantaba: «libertad, libertad sin ira». El camino del odio y la mentira augura el peor desenlace...

---

[29] Ediciones Orbis, S. A., 1984, p. 36.

Por ello, aun sintiéndolo, pienso que la decisión de Luis es coherente: solo se puede renunciar a la política (siendo un animal político) cuando algo mucho más profundo y valioso indica otro sendero.

Apuntes de un pequeño diario (13)

15 DE ABRIL DE 1985

¡Qué de cosas se amontonan…!

La Semana Santa ha sido la mejor de las vividas y celebradas en Melilla. Los grupos de la parroquia han estado presentes en los momentos de reflexión, oración y celebración. Valió la pena el esfuerzo.

El viernes 12 tuvimos reunión de vicarios. Don Ramón me dio a leer la carta —de un religioso que no conozco— en la que pide su secularización.

Cuando se lo comenté a mi compañero Antonio, dijo:

«Lorenzo, si ahora descubriésemos que estábamos equivocados, que lo nuestro no era el ministerio, sino otro camino. ¿No crees que respetando a todos cuantos hayan tomado otra decisión deberíamos decir: "¡Señor, me he equivocado por ti! Por ello voy a seguir en mi error, espero que tú suplas y me alcances las fuerzas y el perdón"?».

A Antonio, en los primeros años de su sacerdocio, se le puso este mote: el Gordo del Chorro. Gordo por sus cien kilos, y del Chorro porque era el lugar de su parroquia. Y ocurrió que, recién ordenado, cayó enfermo. Hasta el punto de que los médicos lo desahuciaron. Él, muy devoto de don Manuel González, obispo que fue de Málaga y fundador de las Nazarenas, esperando morir en el hospital pidió una prenda de vestir de don Manuel, pues quería ponerse algo suyo. Y las Nazarenas, ni cortas ni perezosas, le llevaron una gran camisa gris de su fundador, remendada con algún que otro parche. Camisa que Antonio se puso con orgullo. Y, en esto, le anuncian que don Ángel Herrera venía a visitarlo. Efectivamente, cuando don Ángel llegó y se acercó a su cama, al ver aquellos remiendos que portaba la camisa del enfermo, no daba crédito a sus ojos. Y Antonio, tan tranquilo, lo miraba con una sonrisa picarona… No falleció, se curó y sostiene que don Manuel González fue el autor de aquella curación.

2 DE MAYO

Me llega una carta con fecha del 30 de abril, de don Ramón. Entre otras cosas dice:

Málaga, 30 de abril de 1985
Iltmo. Sr. don Lorenzo Orellana Hurtado
Vicario episcopal de Melilla

Querido Lorenzo:
Me gustaría que en la próxima reunión de vicarios que, D. m., tendremos el próximo día 10, habláramos privadamente sobre:
1) Ya que los sacerdotes de Melilla te presentan nuevamente como vicario, quisiera que me dieras tu parecer

sobre esta propuesta. Por supuesto que a mí me harías feliz si aceptaras.

2) En caso de que creyeras oportuno no aceptar, ¿deseas permanecer como párroco del Sagrado Corazón de Jesús en Melilla? ¿O estudiar la posibilidad de un cambio?

La entrevista privada entre nosotros podría ser el mismo día 10 después del almuerzo o terminada la reunión por la tarde.

Hasta entonces, si Dios quiere, un fuerte abrazo.

R. Buxarráis

23 DE MAYO

El día 9 por la noche me fui en barco a Málaga: don Ramón deseaba verme cuanto antes. A la mañana siguiente desayunábamos juntos.

Se puso a hablar y me contó los cambios y las permanencias de los vicarios. Al hablar de Melilla no sabía cómo pedirme que continuara aquí. Yo le ayudé, le dije que lo que él quisiera, y respiró…

Qué difícil es para un obispo hacer cambios y, más, cuando comienzan a escasear los sacerdotes.

Señor, que yo sepa obedecer, que vea en la obediencia tu llamada, como la vieron los hijos del Zebedeo, quienes: «inmediatamente dejaron las barcas y a su padre y te siguieron», (Mc 1, 18-20).

La obediencia es la natural respuesta de quien ama. Quien ama a Dios, obedece. Y entonces la obediencia no cuesta, pues el amor acerca al amado. Por eso, quien ama a Dios, contempla al Hijo y escucha: «Yo hago siempre lo que agrada a mi Padre», (Jn 8, 29). Y sigue su ejemplo. Amar la voluntad del Señor se convierte en obediencia al superior, aunque a veces nos cueste.

5 DE JUNIO

El sábado y el domingo estuvo aquí don Ramón.

En la parroquia se confirmaron cincuenta y ocho jóvenes. Eran alumnos de los hermanos de la Salle, de las religiosas Franciscanas de los Sagrados Corazones y de la parroquia. La ceremonia salió perfecta. El señor obispo, al final, felicitó a todos.

Ojalá estos jóvenes sean fieles al don del Espíritu Santo que sabe estar atento a cuantos lo acogen e invocan.

¿Pucherazo?

Al final de curso, los profesores del Leopoldo Queipo hemos tenido elecciones, y la inmensa mayoría ha votado a don Juan Antonio para que siga como director el próximo curso. Nombramiento que ratificó el consejo del centro.

Y mientras esperábamos su nombramiento, la dirección provincial ha mandado un informe negativo por el que se le aparta del cargo. Nadie lo entiende. Al menos, eso es lo que la inmensa mayoría ha manifestado.

Mi amistad con don Juan Antonio, a pesar de la distancia —pues tuvo que trasladarse a Granada— ha permanecido viva. Ya que mucho tiempo después, recibí una carta que copio:

Querido hermanazo:

Evidentemente, ocurren pequeños milagros que tienen gran valor. Uno de ellos es el haber tropezado con la hoja dominical en la que viene un trabajo firmado por ti y, aquí está el pequeño milagro: me ha proporcionado una gran alegría saber de ti, a través de este medio, pues hacía mucho tiempo que nadie me daba noticias tuyas y ahora de una manera indirecta he sabido que sigues tan optimista como siempre y regalando optimismo a todo el mundo. Yo no quiero ser menos y te envío un fuerte abrazo desde esta Granada, desde la que recuerdo nuestras conversaciones melillenses. Espero que nos veamos y podamos tomar una cerveza en amistad que se mantiene por encima del tiempo y de la distancia.

Te alegrará saber que mi hijo ya es profesor agregado de Geografía e Historia y está destinado en el instituto de Berja. No escarmienta por lo que respecta a la profesión y ha elegido lo mismo que yo. Me encarga que te envíe sus saludos, así como mi mujer que también te recuerda y aprecia.

Un abrazo.

Juan Antonio

Apuntes de un pequeño diario (14)

18 DE JUNIO DE 1985

Acabo de recibir el nombramiento de vicario episcopal de Melilla, para el próximo quinquenio.

> *Ramón Buxarráis Ventur*
> *por la gracia de Dios y de la Santa Sede Apostólica*
> *Obispo de Málaga*
> *Teniendo en cuenta que por la consagración episcopal,*
> *junto con la función de santificar, he recibido también las*
> *funciones de enseñar y regir (canon 375), y conociendo*
> *las cualidades que Dios le ha concedido, por el presente, y*
> *ateniéndome a lo que establece el canon 476, le nombro*
> *vicario episcopal territorial de la ciudad de Melilla, con las*
> *facultades que, en consonancia con el Código de Derecho*
> *Canónico, se señalan en el Decreto sobre las vicarias epis-*
> *copales de la diócesis de Málaga, del 7 de septiembre de*
> *1984 (Boletín Oficial Eclesiástico, noviembre-diciembre*
> *1984, pág. 1356). Facultades que se extienden a todo el*
> *territorio de la vicaría episcopal de la ciudad de Melilla,*
> *según esta vicaría quedó establecida en la Diócesis.*
>
> *Este nombramiento se hace por un quinquenio, en-*
> *trando en vigor el día 1 del próximo mes de julio.*

En Málaga, a 14 de junio de 1985, Solemnidad del Sagrado Corazón de Jesús.
Ramón, obispo de Málaga.
El canciller del obispado: Antonio Cañada.

5 DE AGOSTO

Julio ha sido un mes que me ha desbordado. Por un lado, don Manuel Pineda me comunicó la muerte de don Salvador Montes Marmolejo, el Rorro.

No me alcanzan las palabras, Señor, me consuela que él pueda ser, junto a ti, nuestro valedor.

El Rorro: pequeño de talla, pero inmenso de espíritu, fue el primero que me habló, siendo seminaristas, de la infancia espiritual según santa Teresa del Niño Jesús. Hombre comprometido con los humildes y los pobres. Generoso, tanto, que al poco de llegar a Antequera vendió su moto para ayudar a un seglar. Y «sacerdote —como quería don Manuel González— a carta cabal». Descansa ya en la alegría del Señor.

Los días 17, 18 y 19 de julio, los vicarios episcopales tuvimos reunión en Monsalve: había que analizar el plan pastoral diocesano del nuevo curso.

El último día se presentó don Ramón, y antes de hablar del plan pastoral, me miró y dijo:

—Lorenzo, quiero que seas el párroco de Santa María de la Victoria en Málaga.

Se me acababa de nombrar Vicario de Melilla, y, sin previo aviso, en público, me propone un nuevo cambio. ¡No lo entiendo! Tragué saliva y le pregunté:

—¿Se trata de algo serio y pensado?

—Sí, está pensado —dice.

—Si es así, acepto.

Pero don Ramón añadió:

—Espera hasta el lunes, pues antes tengo que comunicárselo a don Benigno.

Estas palabras me dejaron un raro sabor a improvisación, aunque guardé silencio…

El 30 de julio, como no se me había vuelto a hablar del cambio, le pregunté y me dijo: «Vienes a Málaga, pero no encuentro sustituto para Melilla».

Desde luego, a veces, acertar con los cambios parroquiales es difícil, tanto como jugar una partida de ajedrez con los peones pensando por su cuenta. Siento que me haya tocado mí, pero así es.

2 DE SEPTIEMBRE

Más de un mes y sigo sin saber nada de mi ida a Málaga. Mientras, en Melilla, celebramos la novena de Santa María de la Victoria, nuestra patrona.

4 DE SEPTIEMBRE

Acaba de llamarme por teléfono don Ramón, y después de relatarme el jaleo que se ha armado por su artículo sobre: «Marbella y sus fiestas frente al paro y el hambre»,[30] me dice que mi ida a la Victoria continúa, pero que antes ha de buscarme un sustituto… Y añade: «el sustituto es José Carretero, pero tiene que venir de Venezuela».

Total, que permanezca en situación disponible. O. K.

8 DE SEPTIEMBRE

Hace un rato hemos concluido la procesión con la patrona. El provincial de los padres capuchinos y yo tras el trono. Cuando salíamos del templo, unos coches cargados de marroquíes con bocinas a todo tren. Después, a mitad de la procesión, comenzaron a llegar policías nacionales. Dijeron que había amenaza de bomba. El malestar se mastica.

9 DE SEPTIEMBRE

Los ladrones han vuelto a «visitar» la iglesia. Y, aunque rompieron los cepillos y lampadarios, no se han llevado nada. Entraron a través de la misma vidriera que habíamos repuesto, dejaron huellas por doquier, pero dinero no había.

---

[30] *Cambio 16* dedicó gran parte de su número 717 a don Ramón: en portada una foto de él cogiendo las riendas de un coche de caballos y este título: «Un obispo contra la jet. ¡Oh, Marbella! Ángeles y diablos en el paraíso».

El santísimo lo guardo aparte. Siempre se lleva uno un mal rato.

1 DE OCTUBRE

El lunes estuve con don Ramón, quería hablar conmigo. Me recibió a las doce y dijo que había nombrado a Pepe Carretero vicario de Melilla, que acababa de comunicárselo y que se vendría de Venezuela lo antes posible. Así que, nada más llegar, me traslade a la Victoria.

Le sugerí, puesto que ya hemos comenzado el curso, que me dejara hasta el final del primer trimestre para mejor preparar mi traslado y la adaptación de Pepe a Melilla. No le gustó. Dijo taxativamente: «Tú te vienes lo antes posible».

¡Qué de libros tengo, veremos cómo los traslado!

Madre de la Victoria, en ti confío.

4 DE OCTUBRE

Ayer salió en el diario *Melilla Hoy* mi traslado a Málaga. El director me dijo que se lo había comunicado un amigo desde el obispado.

Con lo que el saludo de algunas personas es otro: «Nos deja usted y se marcha, ¿eh? ¡Muy calladito que lo tenía!» «¡Pero si yo quería salir de aquí la penúltima, llevando el estandarte delante de los curas!».

Lo cierto es que muchas de estas frases suponen, ante la inseguridad melillense, un escape de guasa.

Esta mañana me dijeron que llamara al obispado, querían preguntarme cómo le estoy preparando la presentación del plan pastoral a don Ramón, pues viene a presentarlo el 26 y el 27 de este mes. Y me pasaron con el señor obispo. Él aceptó los actos programados. Después le pregunté si yo estaría aquí para esos días. Me dijo que no lo sabía.

Disponibilidad a oscuras.

Anoche tuve reunión con el primer grupo. Todo bien, menos al comienzo, plantearon lo mal que la Iglesia hace los cambios de los sacerdotes:

«A efectos personales, parecen funcionarios», decía uno.

«A efectos pastorales, mientras no consulten con los seglares y con las comunidades parroquiales, lo estarán haciendo mal», decía otro.

«A pesar de todo —añadían— seguiremos amando a la Iglesia».

Después pasamos al tema. Y en la oración final pidieron por mí, como amigo y sacerdote.

Virgen de la Victoria, tú bien lo sabes.

9 DE OCTUBRE

Una espera insegura ¡cómo fastidia! Por un lado, las muestras de cariño y los deseos de que no me marche son expresiones constantes, pero ¡cómo abruman!

Miguel Fernández, Premio Nacional de Literatura, ha mostrado su desagrado ante mi partida.

Me gustaría quedarme en Melilla, pero padezco el deseo creciente de que acabe esta situación.

Virgen de la Victoria, tú sabrás.

13 DE OCTUBRE

El jueves, Ana Oakní, hebrea y profesora de matemáticas en el instituto me regaló una postal de la Iglesia de la Anunciación.

—Fui a Nazaret, me acordé de ti y te la compré —me dijo.

Me emocionó que la buena de Ana se acordara de mí en Nazaret.

Visité Tierra Santa el verano del 84. Mi más íntimo recuerdo fue la concelebración con treinta sacerdotes en el templo de la Anunciación. Me tocó presidir la eucaristía, hablé del saludo de Gabriel y pedí por mi madre fallecida hacía unos meses. Me sentí protegido por María. Ella lo sabe.

16 DE OCTUBRE

El día 5 escribí a don Benigno, párroco de la Victoria, estas letras:

Estimado don Benigno:
Me veo en la necesidad de ponerle unas letras al com-
probar, con sorpresa, que ha salido en la prensa el traslado
que desea que realice el señor obispo.

Si ese traslado llega a producirse y trabajo junto a usted, espero que para mí sea una gracia y un lugar de sabiduría.

Hace muchos años yo era superior en el Seminario Menor y un día de cuaresma prediqué en su parroquia. Al final, usted me lo agradeció. Creo que ese es todo el contacto que hasta ahora hemos tenido. Perdone que no pueda darle más pistas sobre mi persona.

Con mi mejor saludo, me encomiendo a sus oraciones ante la Virgen de la Victoria.

Y hoy 16, he recibido una carta doble de don Benigno. Doble porque, a la que me dirige, adjunta la que escribió al señor obispo, a quien, entre otras cosas, le decía:

Para mí sería una satisfacción muy grande ir entregando, lentamente, todo cuanto aquí hay, con sus usos, costumbre e historia, al que ha de ser mi sucesor.

20 DE OCTUBRE

Hace unos días hablé con don Ramón por teléfono. Al comienzo, mientras tratábamos del programa para su venida, muy alegre, pero cuando dije que don Benigno me había escrito cambió exclamó: «Estoy pensando que te vengas de coadjutor». «Me voy, pero me resulta poco serio», le dije. Y cambió aún más.

27 DE OCTUBRE

Ayer llegó el señor obispo para la reunión que tuvimos con los grupos parroquiales y comunidades cristianas en la casa San Pablo. Nos reunimos trecientas cincuenta personas. Se presentó el borrador del plan pastoral (yo le había advertido que, si protestaban, no estaba de acuerdo). Al final, entre otras cosas, don Ramón habló de mi nuevo nombramiento. Me alabó demasiado, y, al parecer, no le desagradó que la gente dijera que no estaba de acuerdo con mi partida. Creo que él puede estar pasándolo mal. ¡A veces, qué difícil es mandar! Me dijo que me fuese para Navidad. Carretero ha retrasado su vuelta. Temo las despedidas.

En el bar Solís

Como cada tarde, pedí un café con leche, y mientras esperaba en la barra del bar Solís, a mis espaldas, alguien proclamaba su fe en Cristo al tiempo que negaba la necesidad de la Iglesia.

Volteé la cabeza y vi a dos legionarios sentados, uno hablaba en voz alta, el otro parecía asentir.

Rafael me atendió, pagué el importe, cogí el vaso y fui a sentarme en una mesa próxima a los legionarios. Nada más sentarme y dar el primer sorbo, observé que ellos me miraban. Puse el vaso sobre el plato, les sonreí y dije al que hablaba:

—Perdone, le he oído y me interesa lo que cuenta.

—Si le he ofendido le pido que me excuse —contestó.

—Al contrario.

Y comenzó a decir —con el mismo tono despreocupado de voz— que había sido drogadicto y mujeriego, que estuvo a punto de volverse loco, pues su vida estaba vacía, muerta… «Muerta repetía y repetía». Y añadió con voz más potente:

—Hubo un momento en el que estaba casi a punto de suicidarme, en el que recibí una carta que hablaba de Cristo. —Me miró—. Era la carta de una muchacha, y, hoy, mi droga es la Biblia; hoy sé del Espíritu Santo; hoy estoy con los hermanos evangélicos; incluso mi madre está en proceso de conversión, aunque aún le queda un largo desierto, pero llegará…

Sonrió y yo también.

—Solo, si me lo permite —dije— me gustaría recordar algo.

—Dígalo —exclamó.

—Pues en primer lugar le felicito, porque gracias a la fe de una muchacha, usted ha encontrado su camino. En segundo lugar, le recuerdo que si no hubiese existido la Iglesia no conoceríamos a Jesucristo. Y, por último, le pediría que no condene a los que van por otro camino, porque lo más importante que manda Jesucristo es que nos amemos los unos a los otros.

Volvió a mirarme —ahora con cierta seriedad— e hizo un gesto de cabeza mirando al compañero. Se levantaron y se marcharon.

Yo también me levanté y me despedí de Rafael.

Apuntes de un pequeño diario (15)

2 DE DICIEMBRE DE 1985

Más de un mes sin escribir.

El día 22 estuve en la reunión de vicarios. Había oído que Pepe Carretero, por ahora, no se venía de Venezuela, así que pregunté:

—¿Hay noticias sobre lo mío?

—Que te vienes —dijo don Ramón.

—De acuerdo, pero me han dicho que Carretero, por ahora, no se viene.

—Se viene. A mí, así me lo ha dicho.

—Don Ramón, pongámonos en el peor de los casos.

—En el peor de los casos tú te vienes de coadjutor a la Victoria.

—No pregunto por eso, y por supuesto que me voy de coadjutor a la Victoria, ese no es el problema, el problema es Melilla si Pepe se retrasa…

Dudó… Improvisó algo…

Y yo propuse:

—Don Ramón, mientras se aclara todo, ¿puedo quedarme hasta junio?

Y dijo que sí.

El 26 del mes pasado publiqué una carta abierta a R. C. La escribí porque se está creando un aire de guerra santa. Constantemente se habla de «musulmanes» y «cristianos» como si fuésemos enemigos, y eso no es cierto. También he llamado a la *Cadena Ser* y he mandado una nota al director del *Melilla Hoy* en el mismo sentido.

Defiendo que se trata de derechos entre ciudadanos, nunca de enfrentamiento entre musulmanes y cristianos. Pero cada día se enrarece un poco más la situación.

Los ciudadanos de origen marroquí se han manifestado. «Medio Nador estaba dispuesto a venir», se decía. Y el eslogan de la manifestación ha sido: «No a la Ley de Extranjería, no al delegado del Gobierno».

A los españoles se les ha encogido el alma y han propuesto una contramanifestación que reclame: «Sí a la Ley de Extranjería, sí al delegado del Gobierno».

¿Por qué esta situación?

Primero. Porque hay casos de verdadero dolor: personas de origen marroquí que llevan tiempo aquí y se encuentran indocumentados de cara a España.

Segundo. Porque a los marroquíes les gustaría tener doble nacionalidad. Y como los melillenses saben que, por encima de todo serán siempre obedientes a su monarca, se preguntan: ¿no podrían formar «una quinta columna»?

Tercero. Porque en esas circunstancias un marroquí, nacionalizado español, se ha alzado como líder. Y con piel de lucha pacífica ha comenzado a crear odios y ha mandado que los suyos no compren en las tiendas de los españoles.

Cuarto. Porque aquí hay familias españolas que, hace muchos años, tenían fincas en Marruecos, vino la descolonización —va para más de treinta años— y aún no les han dado las indemnizaciones prometidas.

Quinto. Porque la manifestación que se aproxima puede ser el inicio de la peor división.

Señor, que no demos pie al odio.

5 DE DICIEMBRE

En el instituto un alumno me ha mostrado un folio, fotocopiado, con una letrilla en contra de la comunidad marroquí. Me dolió y le hice ver que, si no aprendemos a vivir juntos, nuestra vida no podrá ser.

Por la noche cené con el grupo de los prematrimoniales. Al finalizar la cena, R., nos enseñó un texto: era un anónimo que le habían enviado. Estaba escrito a máquina, con mayúsculas. Él y su señora lo estaban pasando mal. El anónimo venía firmado por el Frente de Liberación Musulmana para Ceuta y Melilla. Era un panfleto soez donde le llamaban racista, cabrón y unas cuántas cosas más.

Siento una gran pena, Virgen de la Victoria.

6 DE DICIEMBRE

Día de la manifestación de los melillenses y yo no sabía qué hacer, si cerrar la Iglesia o dejarla abierta.

He dejado la Iglesia como siempre, abierta, y me he puesto con Paco Oses en la esquina de la plaza Menéndez y Pelayo.

La cabeza de la comitiva, a las once y veinte, pasaba ante nosotros. La tercera pancarta decía: «Por los derechos de los musulmanes en Melilla». La aplaudí y a partir de ese momento, siempre que pasaba un grupo de amigos los acompañaba unos pasos. Así estuve media hora. Después nos fuimos a la calle Margallo, donde nos dijeron que había un grupo de marroquíes muy disgustados. Nos metimos entre ellos. Estaban rabiosamente tristes. Algunos con gestos duros y lágrimas. El cabecilla decía: «Han querido respondernos; esto es una lucha entre nosotros y los cristianos. Tienen nostalgia de Franco». Estuvimos un rato y nos despedimos.

Al término de la manifestación se me acercó un joven marroquí, alumno del instituto. Lo saludé y me dijo:

—Estoy muy triste, esto no es. No nos quieren. Tenemos derecho. Nos tienen que reconocer como españoles.

Y en ese momento llegó otro joven, lo escuchó y le dijo:

—Pero si tú tienes pasaporte español y marroquí.

Y el quejica exclamó:

—Sí, pero yo lo he conseguido con influencias…

Total…

Señor, que no se apague la cordura.

8 DE DICIEMBRE

Inmaculada. Madre y Señora. Espejo y Presencia de Gracia.

La rabia va dando la cara: los marroquíes cerraron ayer sus comercios y puestos municipales en los mercados de la ciudad. Para más inri, estuvimos toda la tarde y parte de la noche sin luz. Lo que hizo que se levantaran sospechas y comentarios. La misa de la tarde la celebré con un megáfono. Después me llamaron varios padres pidiendo que suspendiese la vigilia de la Inmaculada. A las nueve y media de la noche aún estábamos sin luz. Los teléfonos funcionaban mal. Antonio y yo fuimos a los colegios de La Salle y Buen Consejo y acordamos suspender la vigilia. ¡Cómo lo sentí!

El señor obispo llamó sobre las once de la noche, me preguntó cómo estábamos: había visto el informe semanal y estaba preocupado. Quiso saber si yo había hecho alguna declaración. Le conté la del día 26 en la prensa de aquí. Me pidió que se la leyera y después añadió que se la enviase.

La Iglesia debe estar al lado de los pobres, de los que sufren. Pero el problema es doble: tenemos un núcleo que reclama un derecho de estancia, y otro que reclama respeto a la legalidad.

Creo que tan justas deben ser las leyes que amparando a unos no dejen indefensos a los otros…

16 DE DICIEMBRE

El martes pasado llamó D. Ramón: «La nota que me enviaste —dijo— me ha gustado, la mandaré al periódico bajo el título "Melilla desde la óptica cristiana"».

25 DE DICIEMBRE

Gracias, Señor, nos enseñaste que la pauta de tu comportamiento: Navidad se llama.

La nota «Melilla desde la óptica cristiana» se leyó en Radio Nacional y aludieron a ella varios periódicos, entre otros el *YA*. Me llamaron de Telesur e hicieron una rápida y breve entrevista que ayer pusieron en el telediario regional.

14 DE ENERO DE 1986

Estamos en otro año y trimestre. He de engrasar la máquina y encontrar el ritmo que, al menos para mí, es un desafío que pone al descubierto mi capacidad de profesor.

En el instituto, Mariano me dijo:

—Dura profesión la nuestra: el cero con siete por ciento del profesorado padece enfermedades nerviosas.

—Floja estadística la tuya —respondí con una sonrisa—, esos son los de amarrar.

Y soltó una carcajada.

18 DE ENERO

Desde ayer tarde el colectivo marroquí vive la «protesta blanca» (blanca, según su cultura: color del luto). Han colocado trozos de tela blanca en las ventanas y en los vehículos, se visten de blanco o portan brazaletes blancos…

En 1981, según estadísticas, había en Melilla poco más de once mil habitantes de origen marroquí. Hoy, cinco años después, proclama M. Duddú: «Son treinta mil con derecho al carné de identidad español. No reconocer esto es como no reconocer el derecho de los indios Norteamericanos».[31]

¿Para quién juega Mohamedi Duddú? ¿No habrá un pacto para entregar Melilla? Se pregunta el pueblo.

---

[31]   Aomar Mohamedi Duddú nació el 11 de julio de 1950, en Melilla, según consta en el tomo 143 del Registro Civil. Sus padres, Mohamed y Fatima, son marroquíes de una kábila de la zona del Rif.

La huelga de hambre

Como cada día, me levanté a las seis y media de la mañana, y, mientras me afeitaba, la radio decía: «Ocho jóvenes se
encuentran encerrados en la mezquita en huelga de hambre,
en señal de protesta por la Ley de Extranjería».

Después de la misa de las ocho treinta, desayuné en el
bar Solís y marché para intentar verlos. En el pasillo de entrada a los baños, dos marroquíes hacían bultos con cartones
de tabaco. Junto a la puerta que da al patio interior, varios
hombres hablaban sin alzar la voz. Me acerco y pregunto si
puedo pasar a la mezquita. Me miran extrañados y se en-
cogen de hombros. El mayor de ellos, vestido con chilaba,
se me acerca y pregunta:

—¿Tú qué quieres?

—Deseo visitar a los jóvenes que están en huelga de
hambre —respondo.

—¿Y quién eres?

—Una persona que desea ver a esos jóvenes.

—No, ¿tú quién eres?

—Yo soy Lorenzo Orellana.

—No, pregunto si tú ser periodista o político.

—No, soy sacerdote.

—Ah —dice—, entonces sí.

Me acompaña. Nos detenemos ante la gran puerta verde.
Da unos golpes secos que suenan a contraseña, y, tras una

mediana pausa, se oye descorrer un cerrojo. Miro hacia el interior y veo en el suelo, sentados y serios, a ocho muchachos descalzos. Hago ademán de descalzarme para entrar y oigo:

—Esto es un lugar sagrado no te descalces, tú no lo puedes pisar.

Alzo la cabeza, miro a los jóvenes y les digo.

—Buenos días.

—Buenos días —responden al unísono.

—He venido para deciros que rezo por vosotros y vuestros problemas, simplemente para eso.

Hay un movimiento de aprobación. El que me acompaña dice:

—Este hombre es... ¿Quién eres?

—Soy el párroco del Sagrado Corazón.

—¿Y te llamas? Apuntad el nombre —manda a los muchachos.

—Es don Lorenzo, el hermanazo[32] —responde uno de los que está en huelga de hambre.

---

[32] Hermanazo viene porque en Venezuela comencé a utilizar la palabra «hermano» con las personas, algo que allí estaba en el ambiente. Por eso, cuando vine a Melilla continué con mi costumbre. Los melillenses lo aceptaron de forma tan natural que comenzaron a llamarme «hermanazo». No tengo otro mérito.

Presencia cristiana en Melilla

El 25 de enero, sábado, leo en la primera página del *Melilla Costa:*

El vicario eclesiástico visitó a los encerrados.

A algunos melillenses, pocos, mi visita les ha sentado mal. Incluso me han llamado la atención.

Es curioso, vengo defendiendo que no se trata de una guerra de religiones, y cuando intento demostrarlo con un gesto hay quienes no lo entienden...

Por otro lado, parece que M. Duddú lleva ventaja sobre nuestras autoridades. Hasta el punto de que va dando aire de guerra santa a sus reivindicaciones: su último dato ha sido negar la presencia cristiana en la historia de Melilla.

Eso, me ha hecho consultar los libros de historia de la ciudad y su raíz cristiana:

Allá por el siglo VII a. C., los fenicios procedentes de Tiro fueron los fundadores de la antigua Rusadir (Melilla). La fundaron sobre una roca calcárea de unos treinta metros de altura, pues el lugar ofrecía un puerto seguro para sus embarcaciones, que se dirigían a la otra orilla del mar.

A mediados del siglo siguiente tuvo lugar la expedición del almirante Hannon, a quien el senado cartaginés ordenó que navegara, creando colonias más allá de las columnas de

Hércules. Los historiadores citan hasta dieciséis establecimientos o colonias por las que debió ir pasando la escuadra de Hannón. Entre ellas aparece Rusadir.

Los escritores Polibio, Plinio y Tolomeo, en sus descripciones del norte de África, citan a Melilla como *Oppidum et Portus Rusadir.*

El emperador Claudio le concedió el Estatuto de colonia.

La arqueología ha demostrado que, en época remota, Rusadir tenía comercio de miel: el hallazgo de una moneda en la que aparece la imagen de una abeja con una cabeza humana y el nombre de Rusadir, lo atestiguan. También se sabe que comerciaba con grano, pescado y sal.

El cristianismo primitivo se encontraba muy extendido por las provincias mauritanas de las que Rusadir formaba parte. En el Concilio de Cartago del año 484, convocado por el rey vándalo Hunerico, se menciona a un *Rusadirensis Episcopus,* lo que indica la importancia cristiana de la ciudad, ya que tenía su obispo.

Con el tiempo, Rusadir cambió su nombre por el de Melilla. Según algunos historiadores por la abundancia de «mililа», miel y cera.

La historia de Melilla demuestra la presencia cristiana en ella.

Manifestación prohibida

M. Duddú había mandado a bombo y platillo que las mujeres marroquíes se manifestasen en la plaza de España, al estilo de las madres argentinas. Y el delegado del Gobierno, ante semejante anuncio, respondió diciendo que la manifestación no estaba autorizada, por tanto, que se reprimiría.

Y ayer, 28 de enero, fecha anunciada para llevar a cabo la manifestación, me acerqué —como un curioso más— a la plaza de España. Eran las doce menos cuarto y en las aceras quedaban pocos espacios libres. En el centro de la gran plaza, un pequeño grupo de mujeres, vestidas de blanco, daban vueltas alrededor del monumento. Caminaban despacio. Por lo que me dije: «Si esto es toda la manifestación, va a resultar ridícula». Y pensé: «Tanta alharaca para unas vueltas, desangeladas y aburridas, no tiene chicha». Pero he aquí que, de pronto, un potentísimo altavoz anunció: «La manifestación está prohibida, debe disolverse».

—¿La manifestación? Pero si esto es una chiquillada —dijo alguien del público.

Las mujeres, menos de medio centenar, proseguían su aburrida rueda…

—Que las dejen dando vueltas y pronto estarán agotadas —volvió a proclamar el que había hablado.

Varios asintieron… Pasaron unos minutos y, de nuevo, retumbó en la plaza el segundo aviso.

Yo solo veía la gran desproporción entre la propaganda y la realidad… Pero, entonces, comenzaron a llegar decenas de policías nacionales con aire marcial. Formaron dos grandes círculos concéntricos de cara a las pocas mujeres. Y ellas, ante aquellas torres humanas que las miraban fijamente, imprimieron velocidad a sus vueltas.

Los espectadores no dábamos crédito a tan gran desproporción…

Tronó el tercer aviso y el círculo exterior de los policías giró ciento ochenta grados y se colocó de cara a los mirones —nosotros— y nos encañonaron con sus potentes fusiles… Instante de desconcierto en el que retumbó un fortísimo disparo, y todos los espectadores —¡pies para qué os quiero!—, salimos corriendo. Di cuatro pasos, adelanté a un anciano, me detuve, le ofrecí mi brazo y los dos nos alejábamos despacio… Pero cuando mediábamos la calle López Moreno, miré hacia atrás y caí en la cuenta: «Ha sido una jugarreta. Nos han distraído y puesto en fuga. No querían que viésemos lo que les pueda estar sucediendo a las mujeres».

Me despedí del anciano y volví a la plaza España. Estaba vacía. Solo alcancé a ver una nube de humo que se extendía hacia el parque Hernández: era la salida que habían dejado a las manifestantes…

La tarde la pasé mal. Y anoche, España entera pudo ver en los noticieros de la televisión cómo unos fornidos policías españoles acorralaban, entre los arriates del parque Hernández, a unas mujeres que gritaban, lloraban, se tiraban de la ropa y se arrojaban entre las plantas, golpeándose el pecho llenas de lágrimas y rabia…

He ahí la puntilla. Melilla no va a ser la misma. Estoy triste, Señor.

Tras la manifestación

¡Qué días tan tensos estamos viviendo! Los noticieros y la prensa repiten sin descanso las escenas de la manifestación de las mujeres. ¡Qué mal ha quedado Melilla! El montaje ha sido un triunfo para M. Duddú, por lo que, a estas horas, ha subido los decibelios de su lenguaje…

En mitad de todo no quiero perder la esperanza.

Esta mañana salí a dar una vuelta por la ciudad. Y estando en ello se me acercó un marroquí. Lo reconocí: una vez me pidió un favor e hice cuanto pude. Me preguntó si me acordaba de él.

—Sí —respondí.

—Quiero hablar contigo.

—Dígame.

Y comenzó a hablar de la situación y de la huelga general que había decretado Duddú.

Yo le expresé que teníamos que encontrar cauces de diálogo. Y él respondió:

—Nosotros, lo que no perdonamos es que, por aplicación de la Ley de Extranjería, puedan expulsarnos, aunque tengamos la tarjeta de residencia.

Vi claro y puntualicé:

—Cuando usted dice «nosotros», ¿a quién se refiere?

—A todos, hablo en nombre de todos. ¿Usted qué puede hacer?

—Yo estoy de parte de lo que sea justo —dije.

Y me aseguró que, si tuviesen certeza pública de que no se les iba a aplicar ese artículo, depondrían su actitud y todo volvería a la normalidad.

—Haré cuanto pueda —añadí— pero si logro ponerme en contacto con las autoridades y me dicen algo que pueda interesarles, ¿dónde lo encuentro?

El hombre se evadió y no me lo quiso decir…

No obstante, volví a la parroquia y llamé al señor Avanzini (secretario general de la Delegación del Gobierno). Le conté el caso y me dijo:

—Ellos ya saben que ese artículo no se les va a aplicar.

—Sí —repuse—, pero ¿por qué no se les aclara de nuevo?

—Que nos escriban y les contestamos.

Sonreí y pensé en voz alta:

—¿Y si yo escribo formulando su pregunta, se me contesta?

—Sí, respondió, y dentro de un rato le envío un hombre para recoger su carta.

Sorprendido, me puse a ello.

A los diez minutos me llamó Avanzini diciendo que al señor delegado del Gobierno le había parecido buena la idea. Y no solo me contestará a mí, sino, en iguales términos, dará una nota a los medios de comunicación.

Vinieron a recoger mi escrito. Y a la una de la tarde ya tenía yo la respuesta. Recordé, entonces, que cuando quise ayudar a quien había hecho de intermediario de Duddú hablamos del Monte María Cristina. Llamé a las religiosas que allí residen por si me lo encontraban.

A las seis de la tarde se me presentó el intermediario. Le mostré la respuesta y se asombró, agradecido. Pagó la fotocopia antes de que nos la hicieran y dijo:

—Ahora mismo se la llevo a Duddú.

Y aquella noche se suspendió la huelga de hambre.

Al día siguiente, tras nuevos momentos de tensión, la cosa comenzó a amainar.

Veremos. Gracias, Señor.

Apuntes de un pequeño diario (16)

31 DE ENERO DE 1986

Don Ramón me llamó anoche preguntándome por todos. Me gustó que se interesara, especialmente por las religiosas.

También me llamó el delegado de Cáritas Diocesana, Paco Rubio Sopesén, pues Duddú había comunicado a Cáritas Nacional que los musulmanes padecían, en Melilla, toda clase de necesidades, y quería informarse de cómo estaban las cosas. Le dije que aquí, con motivo de las tensiones que padecemos, no habíamos notado que se agravara la situación, si lo advirtiésemos nos volcaríamos a través de Cáritas Interparroquial. No obstante, si pensaban enviar ayuda que lo hicieran a través de Cáritas Melilla. He pedido a los responsables de Cáritas que sean lo más sensibles que puedan.

4 DE FEBRERO

Ayer, Mustafá me hizo gracia: vive en Marruecos, donde tiene su trozo de tierra y casa sin luz. Hace días le di una batería del coche para su televisor, pero esta vez me dijo:

—Padre, mi madre vivió una vez en Melilla, ¿por qué no me arregla usted los papeles para ser español?

—Mustafá yo no tengo poder alguno para arreglar esos papeles, pero ¿tú no eres marroquí y vives en Marruecos?

—Bueno, Padre, pero nunca se sabe. Es mejor estar preparados por si cae algo.

He ahí la realidad. Ya se ven repartiéndose la ciudad.

21 DE FEBRERO

Esta tarde debía haber llegado don Ramón. El avión salió a su hora y, cuando se aproximaba al aeropuerto de Melilla, el mal tiempo le impidió aterrizar: vuelta para Málaga. Y yo, desde el aeropuerto, vuelta para la parroquia.

El programa que había preparado se fue a pique. A las seis de la tarde llamé al obispado. Don Ramón aún no había llegado. A las seis y media me llamó él.

28 DE FEBRERO

Se está proponiendo que Melilla sea bilingüe. Las dos lenguas serían el español y el chelja (lengua que se habla en la región del Rif y en el noroeste de Marruecos). ¿Se prepara, acaso, su futura libanización?

Los comentarios abundan. Lo que me ha recordado que en la segunda mitad del siglo XIX una de las figuras más importantes de las relaciones de España y Marruecos llegó a ser el franciscano José María Lerchundi, arabista y gran conocedor del chelja, quien en 1872 publicó *Rudimentos del árabe vulgar.* Melilla le tiene dedicada una calle.[33]

5 DE MARZO

El viernes por la noche irrumpieron de nuevo los ladrones en el templo y forzaron puertas y alacenas. Rompieron marcos, abrieron cajoneras, rociaron por el suelo libros, paños, pañitos, corporales: un doloroso desastre. Desastre menor si no hubiesen forzado el sagrario, donde, por desgracia, ya se guardaban las sagradas formas. Fue un estremecimiento lo que me recorrió esa mañana. Un ahogo ante la inmensidad de mi impotencia. Y allí, de rodillas, recogiendo las sagradas formas esparcidas por el suelo, vi cómo la eucaristía testificaba la presencia de quien entregó su vida en el silencio de Dios. Y tuve la certeza de que el amor —aún pisoteado— es

---

[33] La archidiócesis de Tánger publica lo siguiente sobre el padre Lerchundi: «Entre sus realizaciones solo apuntamos algunas: restauró la misión de Marruecos, construyendo una serie de iglesias y casas-misión; fundó el colegio de Misiones de Chipiona en 1882, considerado por él mismo como "la niña de sus ojos", que dio origen a la provincia restaurada de Granada; fue intérprete oficial en las embajadas entre los reyes de España y el sultán Hasán I de Marruecos, y en la visita de la embajada enviada por el mismo sultán al Papa León XIII en 1888; renovó varias escuelas de la misión, creó otras nuevas de segunda enseñanza y alguna profesional; abrió una escuela de árabe para españoles y marroquíes en Tetuán; instaló en Tánger la primera imprenta hispano-árabe de Marruecos; creó un complejo urbanístico para los sintecho en Tánger; apoyó diversas iniciativas de modernización de Tánger y de Marruecos: electricidad, relojes públicos, cámaras de comercio, sociedades marítimas, factorías comerciales, etc.; fundó un hospital en Tánger con una escuela de medicina; publicó diversos estudios y libros sobre la lengua árabe».

más fuerte que el mal. La fortaleza que brota del amor es lo único indestructible: solo quien ama puede acrecentar su fe.

Después vino la policía. Se suspendió la misa y fui a presentar la denuncia. La policía se tomó el asunto con gran interés. Dios se lo pague. Comprobamos que había desaparecido: una pequeña llave dorada; el viril de la custodia —sin forma—; un portaviáticos y el reproductor de casetes. Total, un dolorosísimo desastre para tan escaso valor.

Ana María, la señora que ayuda en la sacristía, lloraba en silencio.

16 DE MARZO

La ola de robos, tirones, desvalijamientos de casas y comercios es escandalosa.

—En treinta y dos años que llevo allende la frontera —me dijo un profesor— tan solo me robaron una vez y fue unas gallinas, mientras que aquí, con tanta policía y medios, hay más inseguridad que en Marruecos.

—La larga mano de Duddú —comenta el pueblo.

Y es que comienzan a aparecer pintadas que riman: «Policía expedientado, delegado cagado».

4 DE ABRIL

El Ministro del Interior ha estado en Melilla, y después de reunirse con los líderes locales declaró: «En Melilla se aplicará la Ley de Extranjería como en el resto de España».

M. Duddú le ha respondido: «La Ley de Extranjería es para los chinos, no para nosotros».

5 DE ABRIL

Esta mañana me ha detenido un versillo del *himno de tercia*: «Nos presentaste un campo de batalla y nos dijiste: construid la paz».

J. L. me cuenta: «Fui a la Delegación del Gobierno y me encuentro con un tráiler de película: los periodistas que cubren la visita de Barrionuevo cuchichean en un rincón del *hall*, y en el rincón de enfrente, los líderes melillenses miran de reojo hacia los de los medios. Cuando, de pronto, se abre la puerta y aparece Duddú. Los periodistas saltan sobre él, le preguntan y multiplican los flases. Los líderes autóctonos miran desde su rincón desconsolados y humillados».

25 DE ABRIL

En el periódico aparecen los siguientes datos tomados de la policía municipal: en Melilla hubo en 1983: setenta y dos robos, seis desacatos, cien escándalos, ocho mendigos y ningún indocumentado.

Y dos años después, en 1985: ciento cincuenta y cinco robos, treinta y tres desacatos, ciento cuarenta y un escándalos, doscientos sesenta y tres mendigos y seiscientos veintisiete indocumentados controlados.

26 DE ABRIL

Hoy, nueva manifestación del colectivo de Duddú. Comenzó a las cinco y media de la tarde con una lentitud calculada. Manifestación en pro de un ayuntamiento democrático y en contra del que hay; en pro de una policía democrática y en contra de la que hay; en pro de una prensa democrática y en contra de la que hay…

Un médico de la vieja guardia socialista me dijo: «Si el gobierno quiere entregar Melilla, que nos lo diga».

Con la primera comunidad del Catecumenado Diocesano hemos tenido un encuentro de oración dirigido por ellos: «Amor a todos y especialmente a los menos amigos».

España-Dinamarca

Mustafá miró el tejado y sonrió, al fin había conseguido cambiar la uralita por tejas. También estaba contento porque se habían dado pasos y Aomar Mohamed Duddú demostraba tener verdadera madera de líder...

«Es cierto que el camino había sido difícil, pues los hechos se torcieron y era poco lo conseguido, pero el líder ha comenzado a enderezar los derroteros. Su primer gran paso —se dijo— fue alejarse de las palabras. ¡Ah, aquella tarde en la asamblea seguro que estaba inspirado por el mismo Munana!, pues proclamó: "Si para dentro de dos semanas el Gobierno no ha iniciado el censo, no ha puesto en marcha una asesoría jurídica para nuestro colectivo, no hace innecesario el permiso de trabajo, no comienza a sustituir las plantillas de la policía, y, sobre todo, no concede más nacionalidades, habrá originado nuestra ruptura". He ahí el lenguaje de un verdadero líder.

Nunca tantos noes reflejaron tan bello sí. Y desde entonces volvió a gustarme Aomar y Dios lo bendijo, lo bendijo y lo probó. ¿Por qué siempre tendrá que preceder la prueba al triunfo? ¿Acaso Alá necesita el dolor como el fuego la leña? Sea como fuere, la cosa se inició con una nadería: la victoria de España frente a Dinamarca. Desde luego, nuestros sentimientos estaban divididos, ya que pedíamos el carné de españoles mientras nos manifestábamos como si tuviésemos odio a España. Y era justo que los españoles celebraran su victoria deportiva con banderas y cánticos, aunque a nosotros no nos gustase. Era lógico que lo hicieran, como también nosotros lo hicimos cuando allá en Los Ángeles, nuestro Said Aouita derrotó a los mejores corredores del mundo. ¡Qué júbilo recorrió Marruecos! ¿Qué digo? ¡Toda la tierra! Porque todo creyente sintió como suyo aquel triunfo. ¡Qué de carreras festejando la más grande de todas! Pero, una vez más, el error de los españoles fue nuestro aliado, pues comenzaron a circular ante la casa de nuestro líder con sus coches y gritos, sus provocaciones y sus amenazas, de tal modo que nuestro líder hizo sonar la señal… Habían avisado: "Serán un total de nueve cohetes: tres seguidos, tres distanciados, tres seguidos… Cuando los oigáis, poneos inmediatamente en marcha".

Y en el instante en que explotaron los nueve cohetes, desde el anfiteatro de los barrios, descendimos hasta llenar las calles. Se nos había mandado que ocupásemos solo las aceras. Por eso, cuando los automovilistas se vieron circulando entre filas de jóvenes musulmanes, que parecían brotar por encanto, quedaron sorprendidos. Su sorpresa fue en aumento al comprobar que comenzábamos a aplaudir. Y quedaron tan sin saber qué hacer, que se pusieron a reír… A punto estuvimos todos de ponernos a reír… Pero he aquí que algunos se enfurecieron y agitaron los puños como si quisieran golpearnos. Y aquello cambió. Hubieran sucedido cosas terribles de no presentarse la policía e intervenir y expulsar a los melillenses con sus vivas, gritos, coches y amenazas. Ellos se fueron a protestar ante sus autoridades.

Y desde el día siguiente comenzaron a cumplirse las peticiones de nuestro líder: la sustitución de policías, que tan mal sentó a los españoles, y el reconocimiento público de las injusticias que se estaban cometiendo con nuestro colectivo... El delegado del Gobierno publicó una nota a la que solo le faltaba la firma de nuestro líder: "La comunidad de ciudadanos, de origen y cultura musulmana, constituye un colectivo que durante décadas ha visto mermados y lesionados sus derechos...". Durante décadas nos han lesionado en nuestros derechos. Durante décadas, ¡qué bien suena! Y entonces, mi afecto hacia Aomar restañó todas las anteriores fisuras... Y nuestro líder voló más alto y colocó su campo de batalla en Madrid, mientras los políticos de Melilla se peleaban entre ellos. Y nuestra ciudad se convirtió en el más bello campo de batalla... ¡Cómo recuerdo aquella tarde en la avenida: los jóvenes cristianos corrían sin encontrar donde esconderse, perseguidos por las botas de los fuertes policías! Y a nosotros nos aumentó la esperanza como nunca».

Cáritas

Cuando entré en el seminario, en 1949, estaba muy vivo el recuerdo del obispo don Manuel González García. Muchas de sus frases estaban escritas en el suelo que pisábamos. Por ello, para que todos supiéramos cuál era la misión fundamental del cura, en la portería, los seminaristas y los familiares que venían a visitarnos, podíamos leer: «El sacerdote no gana panes, sino que gana almas».

Y es que, la misión primera de todo sacerdote es ayudar para que los hombres descubran las huellas del misterio de Dios en la creación, en la Sagrada Escritura, la Iglesia y las personas, ya que solo así se puede vivir de cara a Dios y a los hermanos.

Y yo, para mejor agradecer la celebración del sacramento de nuestra fe, tras cada misa, me retiro a la semioscuridad de la capilla del sagrario, me siento en el rincón de siempre y doy gracias a Dios por el don que acaba de regalarnos. Ayer, cuando mis ojos se acostumbraron a la semioscuridad del lugar, descubrí a Juan Carlos, un joven, en el otro rincón. Me recogí adorando al que habita en el sagrario, y, cuando más ensimismado estaba, alguien pasó como una exhalación y me saco del silencio: la secretaria de Cáritas Interparroquial, Mari, quien, a toda prisa llegó, se arrodilló y creyendo que se encontraba sola, suspiró y dijo en alta voz:

—Señor, perdona, hoy han venido tantas personas a Cáritas que no he podido ni venir a comulgar.

Y Juan Carlos, con un deje de compasión, exclamó:

—Señor, no te preocupes, te tiene repetido.

Mari soltó una carcajada y los tres nos echamos a reír. Pero como la risa podía ser ocasión de escándalo para las personas que aún quedaban en el templo, me puse de pie, hice la genuflexión y salí, seguido del joven y Mari. Y nada más pisar la calle la secretaria dijo:

—Es verdad, hemos tenido que cerrar después de la hora, y esta mañana llegó una visita inesperada. —La miramos y prosiguió.— Esta mañana, mientras estaba tratando un asunto con el presidente, un gran coche se detuvo ante nuestra oficina. Miramos por la ventana y vimos que el chofer abría la puerta trasera, se bajó un marroquí muy bien trajeado y se dirigió a nuestras dependencias. Salimos a su encuentro, y Bubi lo recibió, preguntándole si deseaba algo:

—Deseo que me vea un doctor —respondió.

Bubi sonrió y preguntó:

—¿Es que usted no tiene medios para visitar a un médico?

—Los tengo —dijo con voz cortante.

—Perdone, pero entonces ¿por qué viene a nosotros?

Con un tono más suave el hombre añadió:

—Creo que me he dirigido a una organización de la Iglesia, ¿estoy equivocado?

—No. Usted se encuentra en la oficina de Cáritas Interparroquial de Melilla.

—Entonces no me he equivocado. Yo solo deseo que me orienten y faciliten la dirección de un buen médico para que me examine.

Mari nos miró, sonrió y añadió:

—Bubi escribió en un papel la dirección del mejor médico que conocemos. Y al entregársela dijo:

—Perdone mi curiosidad, pero si posee medios, ¿por qué ha venido a nosotros?

—Muy sencillo: Cáritas se preocupa generosamente de los pobres, lo que quiere decir que ustedes no se mueven por el interés. Eso es lo que me ha determinado a venir, pues sé que ustedes no me van a engañar.

—Al despedirse —añadió Mari— Bubi le alargó la mano al tiempo que decía: «Aquí tiene usted su casa, gracias por haber contado con nosotros».

Y con una sonrisa altiva, Mari se despidió diciendo:

—Adiós…

Y se alejaba como si le hubiese tocado la lotería. Me despedí de Juan Carlos y volví al templo. Me arrodillé y me sentí feliz por el testimonio de fe y de amor de los cristianos de Melilla. Y mirando hacia el sagrario oré:

—Señor, tu presencia en la naturaleza, en tu palabra, en la eucaristía y el prójimo, la hemos de cuidar y amar, ya que solo así, los hombres podrán descubrirte. Gracias. Acrecienta en mí el amor a tu presencia…

Despedida de los vicarios episcopales

A la última reunión de vicarios episcopales asistí con la idea clara de que mi destino era: «coadjutor en la parroquia de la Victoria». Antes de comenzar, don Ramón se me quedó mirando y dijo:

—Lorenzo, a la Victoria no vas, vas a Benalmádena.

Don Ildefonso, vicario de la costa de Fuengirola-Torremolinos, intervino diciendo:

—Don Ramón, Lorenzo va al Arroyo de la Miel, don Antonio se queda en la nueva parroquia llamada Virgen del Carmen.

—¡Ah, sí, Arroyo de la Miel!

Miré a Ildefonso —buen amigo— quien me hizo un gesto afirmativo con la cabeza.

—¿Y Melilla? —pregunté.

—A Melilla irá don José Pulido —dijo don Ramón—, tú te pones en contacto con él. Es bueno que antes de marcharte lo presentes a los sacerdotes y a la parroquia.

—Bien, —dije— (y no pude evitar la sensación de ser como una pelota de *ping-pong*).

En el almuerzo, Ildefonso me dijo que, si iba un día a Fuengirola, él me enseñaría el territorio de mi nueva parroquia: la Inmaculada Concepción. Y me pidió que estuviese contento, pues me iría muy bien.

Al día siguiente me puse en contacto con don José Pulido, y poco después vino de visita a Melilla. Estuvo dos días e hicimos un recorrido por la ciudad y las parroquias, saludamos a los sacerdotes, a los religiosos, a las religiosas y se reunió con los grupos del Sagrado Corazón de Jesús. Y el 25 de agosto escribí a don Ramón:

Estimado don Ramón:
Don José Pulido, como usted me indicó, ha estado aquí dos días. Le he informado sobre la ciudad, la vicaría episcopal y la parroquia.
Ha visitado a los sacerdotes, a los religiosos, los templos y los colegios.
Su venida definitiva podría ser para mediados de septiembre.
Yo pienso salir de Melilla el 18 de septiembre. Debo concretar la fecha para poder arreglar los papeles y la baja en el ayuntamiento. Si no me doy de baja no puedo llevarme algunas de mis pertenencias.
Si parto en esa fecha tendría tiempo para estar unos días en casa y hacer ejercicios espirituales (del 22 al 27) antes de incorporarme a mi nuevo destino.
Espero, don Ramón, que se rompa el maleficio de provisionalidad que ha pesado sobre mí desde hace más de un año.
Atentamente.

Lorenzo Orellana

Apuntes de un pequeño diario (17)

26 DE AGOSTO DE 1986

Esta mañana en el apartado de correos había una carta de la Nunciatura Apostólica. Me sorprendió.

La leí y no recordaba el porqué. La Secretaría de Estado me la enviaba dándome las gracias por la atenta carta que había dirigido al Santo Padre. Quedé como perdido hasta que me alcanzó la memoria. Fui a la parroquia, busqué y encontré el borrador. Efectivamente, yo había escrito una carta brevísima al Papa, el 15 de mayo del 86, en la que decía:

> *Su Santidad, Juan Pablo II:*
> *Jamás se me hubiera ocurrido escribirle, pero su carta a los señores obispos de Brasil, que acabo de leer, me ha conmovido hasta este punto.*
> *Por esta razón le doy las gracias y admiro aún más.*
> *Beso su anillo.*

Y la carta que he recibido dice:

Vaticano, 11 de agosto de 1986

Estimado en el Señor:
Me complace comunicar que se ha recibido la atenta carta que usted ha dirigido al Santo Padre para manifestarle su fiel afecto y adhesión.

Su Santidad desea expresarle su vivo agradecimiento por este devoto homenaje, a la vez que invoca sobre usted abundantes gracias que le ayuden a vivir con renovada entrega los ideales de consagración a Dios y al servicio a la iglesia. Como confirmación de estos deseos, el Sumo Pontífice le imparte de corazón, en prenda de la constante asistencia divina, la Bendición Apostólica.

Aprovecho gustoso la oportunidad para expresarle las seguridades de mi consideración y estima en Cristo.

+ E. Martínez, Sust.

Rvdo. D. Lorenzo Orellana
Vicaría episcopal de Melilla

En fin, me ha gustado el detalle. ¡Qué bueno si la comunicación en la Iglesia fluyese más!

31 DE AGOSTO

Melilla tiene un nuevo delegado del Gobierno. Toda la prensa nacional y local ha escrito sobre don Manuel Céspedes, melillense de nacimiento, jefe de escolta de Felipe

González y futuro delegado del Gobierno de nuestra ciudad autónoma.

¡Qué coincidencia! Pronto en Melilla habrá un nuevo delegado y un nuevo vicario episcopal: don Manuel Céspedes y don José Pulido Ropero.

Madre de la Victoria, te ruego por Melilla y por ellos.

2 DE SEPTIEMBRE

Mohamed Duddú ha sido nombrado consejero en el Ministerio del Interior con despacho en Madrid y categoría de subdirector general. Ha aceptado.

La jugada está clara.

Ojalá entremos en un tiempo de paz.

¡Cómo dueles Melilla!

La patrona

El 8 de septiembre subí a la parroquia de Melilla, la vieja, con tiempo para orar ante nuestra patrona. Había que dar gracias, pues se había despejado quién vendría a Melilla y la opción me parecía buena.

Tras un rato de oración ante Santa María de la Victoria pasé a la sacristía, el hermano lego removía las cajoneras buscando albas, cíngulos, estolas y casullas.

Fray José nos recibió con su amable facundia:

—Ayer, cuando fui a cerrar las puertas del templo a medio día —decía—, vi en el último banco a una joven extranjera en postura de semiloto y en aparente estado de oración. Esperé, pero la supuesta rezadora ni pestañeaba. Me acerqué y le pedí que fuese concluyendo, pues era la hora del almuerzo y los frailes debíamos pasar al refectorio. Ella me miró desde la ausencia e hizo un gesto indescifrable. Yo seguí esperando mientras la señorita permanecía más inmóvil que el mismísimo Gautama Buda. Cansado y nervioso salí a la calle y comencé a pasear ante la puerta, hasta que un policía que hacía la ronda me preguntó:

—¿No cerramos?

—Conté al agente la causa del retraso. Él, se asomó al interior de la nave, se acercó a la joven y le rogó que abandonase el lugar. Pero la joven movió negativamente la cabeza y se agarró al banco con todos sus tentáculos.

—Pediré ayuda —dijo.

Fray José me miró y prosiguió:

—Se presentaron dos nuevos agentes, cuchichearon entre ellos y se pusieron a buscar en los bancos más cercanos a la joven, después junto a los altares, y, por último, tras las puertas de la calle… La muchacha abrió los ojos con espanto, observó los movimientos de los policías, se levantó y se deslizó como una exhalación hacia fuera…

—Yo observaba —decía fray José, bajando la voz— sin entender absolutamente nada. Hasta que, de pronto, uno de los agentes gritó: «¡Aquí!» Se le acercó el compañero y despegaron del travesaño más bajo de la puerta, un paquete envuelto en plástico. Lo abrieron y mostraron algo parecido a tabletas de chocolate. «¡Hachís!» —dijo el policía…

Fray José miró a cada uno de los presentes y dijo:

—La joven había desaparecido…

Después, al tiempo que adelantaba y cerraba los labios como un fuelle, resopló:

—¡Lo que hay que ver…!

Se acercó al hermano lego y le susurró:

—Casulla solo una, para todos no tenemos.

Y me pidió que presidiera la santa misa.

Asentí, al tiempo que recordaba que tenía que poner palabras a la palabra de Dios. No es fácil, ya que el buen predicador ha de poner un ojo en la palabra y el otro en el pueblo. Ha de ser como un canal que comunica el amor de Dios a los hombres y las carencias de los hombres a Dios. Tiene que estar crucificado: una mano en Dios, la otra en la asamblea. Y esto es terrible, porque Dios siempre es mayor y los hombres mudables. Por eso el predicador que se tome la palabra y al pueblo en serio, deberá alentar, en cada homilía, una respuesta de fe para cada uno de los oyentes, y, por ello, la primera respuesta personal debe ser la del propio homileta. Y recordé la frase de Bernanos en *Diario de un cura rural:* «Noto que predico bien, cuando al primero que hacen daño mis palabras es a mí mismo».

Saludé a un sacerdote castrense que acababa de llegar, me revestí con los ornamentos sagrados y esperé a que fray José indicase el inicio de la procesión litúrgica hacia el altar. Era la hora.

Tras besar el ara y pasar a la sede, observé que los bancos reservados para las autoridades permanecían vacíos. Sonreí y miré hacia la puerta del templo. Un grupo de personas se aglomeraba saludando al nuevo delegado del Gobierno, al señor alcalde, a los altos mandos del ejército y a la mayoría de los concejales, quienes, en ese momento, entraban en el templo matriz de Melilla.

Observé la asamblea y esperé. El hermano mayor de la muy venerable cofradía de María Santísima de la Victoria leyó la monición de entrada, y cuando el orfeón Tomás Luis de Victoria interpretó la antífona, hice la gloriosa, mínima y comprometedora señal de la santa cruz…

Una vez concluido el *Gloria* y las lecturas propias de la misa de la Virgen, había llegado el momento de ayudar al pueblo en su encuentro con la palabra.

—Nos hemos reunido, hermanos —comencé diciendo— en la santa misa, supremo regalo del Señor, para festejar el patrocinio de María bajo la advocación de santa María de la Victoria. Y hemos recordado con el evangelio de la Anunciación, la primera palabra que el cielo dirige a María: *Chaire*. *Chaire* es el saludo griego que los primeros cristianos traducen por el *ave* latino. Todo saludo debe ser un anticipo que predisponga al encuentro y la acogida. Por eso, no es extraño que el cielo comience saludando a María. Pero la traducción de *chaire* es "alégrate", por lo que, además de ser un saludo y un deseo de un futuro encuentro feliz, es una invitación a la alegría. Más aún, como la raíz de *chaire* es la de la palabra, *gracia*, *charis*, en este breve saludo se reúnen: la acogida, el anuncio de alegría y la gracia. Y todo esto, en una mínima palabra con la que Gabriel se dirige a nuestra patrona, María Santísima de la Victoria.

Observé que la asamblea estaba atenta.

Y proseguí:

—Hubo un tiempo en el que yo no supe unir la gracia y la alegría, pero a medida que la vida me ha ido educando, debo confesar que me parecen cada vez más inseparables. La gracia es armonía y don del cielo, que se nos otorga cuando vivimos en recta relación con nosotros mismos, con el mundo y con Dios. Armonía que nos ayuda a crecer como personas y evitar la desgracia, es decir, la pérdida de la gracia, el pecado. Si el hombre vive la gracia se le transparenta en su ser con la alegría. Con la alegría que siempre tiene a mano un escudero: el humor. El humor ayuda a medir las distancias y a relativizar las cosas, nos capacita para reírnos de nosotros sin amargura y del prójimo con indulgencia, y sirve para que disfrutemos de los chistes y del más sabroso de cuantos puedan existir, nuestra propia e insuperable fragilidad.

Observé que algunos sonreían. Así que proseguí:

—Esta realidad o armonía personal, también se puede aplicar al conjunto de las personas, es decir, a los pueblos. Por ello, me invito a que nos preguntemos: ¿nuestro pueblo, la singular ciudad de Melilla que hoy celebra sus fiestas patronales, las celebra con humor, alegría y gracia?

Miré hacia los fieles y me pareció notar el latido del silencio.

—Quizá deberíamos entonar un *mea culpa* y poner todo cuanto esté de nuestra parte para alcanzar la perfecta armonía. Yo creo —dije despacio— que ninguno de nosotros debería mirar hacia el vecino, ya que todos tenemos nuestra cuota de responsabilidad. Desde luego, la responsabilidad que corresponde a nuestras autoridades es, sin duda, más decisiva y pesada que la nuestra. Por eso debemos ayudarles a llevar su carga.

Sentí la boca reseca, apreté los labios buscando un poco de saliva y continué:

—Aunque me veo obligado a recordar que el desafío que padece nuestra ciudad, para conseguir entre sus comunidades, especialmente entre las más numerosas, la gracia, la alegría y el humor, no es solo tarea de quienes nos gobiernan, sino empresa común de todos… Ha llegado la hora en la que debemos buscar lo que nos une, no lo que nos separa. Si hoy nos empeñamos en conseguirlo, estaremos haciéndonos dignos de la especial protección de nuestra patrona. Supliquémosle, pues, que nos ayude a alcanzar esa victoria: la victoria de la paz, la gracia y la alegría, que es tarea común y encargo del cielo… Que nunca nos falte el humor, escudero de la alegría. Y que nuestra patrona, la llena de gracia, santa María de la Victoria, nos ayude en nuestro común empeño. Amén.

Cuando levanté la cabeza, el silencio tenía su peso.

Apuntes de un pequeño diario (18)

10 DE SEPTIEMBRE DE 1986

En el diario *Melilla Hoy*, página tres, aparece un artículo con este título: «Antes de marcharse al Arroyo de la Miel». Y arranca diciendo:

> *Hace doce años que llegó a Melilla. Se define como un hombre tímido que, a fuerza de echarle cara a la vida, puede parecer lanzado. Un sacerdote que nunca se ha planteado que su vocación pueda ser otra: el padre Lorenzo Orellana, un antequerano que se ha enraizado en la ciudad hasta sentirse melillense. Por eso no puede dejar de comentar que le costará abandonarla. Aquí ha vivido la mitad de su vida sacerdotal.*

Y a tres columnas relata mi quehacer en Melilla. El autor no aparece.

Gracias.

A partir de aquí, el cariño de los melillenses me está desbordando.

15 DE SEPTIEMBRE (LUNES)

Hace unas horas que me ha llamado don Ramón y me ha dicho:

—He recibido tu carta, y ahora escribe una novela de locos: don José Pulido no va a Melilla, sino que se marcha a Venezuela.

Me llevé la mano libre a la frente y moví la cabeza pensando que quien estaba viviendo una novela de locos era yo.[34] Respiré dos veces... Me repuse y pregunté:

—Entonces, ¿qué hago?

—No. Tú te vienes como tienes pensado.

—¿A quién entrego la parroquia?

—A Paco Oses.

—De acuerdo.

Por la tarde, las señoras del apostolado de la oración, con el salón parroquial a tope, me ofrecieron una despedida. Muy agradecido.

---

[34] Pasado un tiempo supe que el cambio de Melilla a Venezuela, que vivió don José Pulido, se debió a que los dos sacerdotes jóvenes, Manuel Lozano y Agustín Zambrana, que iban a la misión diocesana en Caicara del Orinoco, le habían pedido a don Ramón que el sacerdote mayor que los acompañara fuese don José Pulido. Y Pulido, obediente como siempre, dijo que sí.

16 DE SEPTIEMBRE (MARTES)

En *Melilla Hoy*, página nueve, aparece este título: «El espíritu de la nueva Iglesia». Y don Francisco Pérez Marcos me dedica un artículo con una descripción demasiado bondadosa. Lo titula «Despedida a nuestro vicario Lorenzo Orellana».

17 DE SEPTIEMBRE (MIÉRCOLES)

Llegaron a Melilla mi hermana Rosarito y Juan, para acompañarme en el viaje de vuelta, un detalle. Gracias.

En el parador de turismo la cofradía con Pepe Guerrero y Javier Calderón a la cabeza organizaron una cena de despedida. Asistieron más de noventa personas, incluido el nuevo delegado del Gobierno. Querían asistir muchos más, pero no había espacio.

18 DE SEPTIEMBRE (JUEVES)

En el diario *Melilla Hoy*, el buen versificador y humorista que firma con el seudónimo de fray González —y nada tiene de fraile— escribe:

> *El patio de mi casa*
> *Romance de don Lorenzo*
> *(Un abrazo de hermanazo)*

Don Lorenzo, don Lorenzo,
malagueño, de Antequera
(que fue romana Anticaria,
según aprendí en la escuela),
hoy me llega la noticia
¡malhaya quien me la diera!
de que te marchas muy lejos,
de que te vas y nos dejas
después de tan longo tiempo
viviendo aquí, en nuestra tierra.
Llegaste, ya hace doce años,
con tu juventud a cuestas
y la palabra, en tus labios,
del Hombre de Galilea,
y, con tan bella palabra,
—dentro y fuera de la Iglesia—
te hiciste, Lorenzo, el amo
logrando tan gran audiencia
que ni Castelar la tuvo;
ni la tiene Alfonso Guerra;
ni la tiene don Manolo;
ni el mal hablado de Cela,
ni la tendrá Benet nunca
—aunque con Bassets, se meta
Y nos cuente de Bassets
las cosas que de él nos cuenta.
El gran número de amigos
que te quieren y te aprecian

—de todas las religiones,
y de cualquier raza y etnia—
están tristes, hoy Lorenzo,
porque te vas y nos dejas.
Son las gentes de mi patio,
la gente sencilla y buena
que vieron en tu sonrisa
y en tus amables maneras
a un hombre como ¡una casa!
a un cura que sentó escuela
del bien hacer y decir,
y que enseñó convivencia.
Yo, con estos burdos versos
y dando fin al poema,
quiero desearte, Lorenzo,
una feliz carrera:
aunque nos quedemos tristes
porque te vas y nos dejas.

19 DE SEPTIEMBRE (VIERNES)

En el diario *SUR-Melilla* aparece, este título: «Los trabajadores de Gaselec despiden al padre Orellana». Y encabeza
el escrito diciendo:

El colectivo de trabajadores de Gaselec nos ha remitido
esta nota de despedida dirigida al padre Lorenzo Orellana,
ya exvicario episcopal en nuestra ciudad:

«Casi cuatro meses duró el encierro que los trabajadores de Gaselec mantuvimos en la iglesia del Sagrado Corazón de Jesús. Durante este tiempo nos sucedieron muchas cosas desagradables y muy pocas agradables; entre estas últimas destaca el haber conocido a Lorenzo Orellana, el Padre, como normalmente le llamábamos.

«No odiéis», era la frase que más nos decía. Era difícil pedir eso a unos hombres tan maltratados y en una situación tan difícil, unos despedidos y otros viendo peligrar sus puestos de trabajo, tal y como, hoy día, lo ven.

«No odiéis —repetía y añadía—: Sé que es difícil, pero no odiéis...».

Lo sentimos, padre, pero aún no podemos prometerle que no odiaremos; algún día lo haremos, por ahora solo podemos seguir luchando contra toda falsedad y violencia que atente contra los trabajadores, y usaremos para ello todos nuestros medios.

Le deseamos lo mejor en su nueva etapa. Estamos seguros de que cuando recuerde Melilla, pensará por unos momentos en este grupo de trabajadores que tanto le aprecia.

Hasta siempre, padre.

Las muestras de cariño de las comunidades, cofradía, grupos y responsables de Cáritas, prematrimoniales, liturgia, catequistas, apostolado de la oración, jóvenes, júniors y amigos, fueron emocionantes.

Por lo que doy las gracias a la prensa, *Melilla Hoy*, *Diario SUR*; a las cadenas de radio, y a todas las personas por las muestras de amistad y de cariño que en público y en privado me han mostrado.

Ciertamente, Melilla deja en mí una huella imborrable. Gracias.

Despedida

ORACIÓN

Señor, por la vida en la que tú, contando conmigo, lentamente me vas reinventando: ¡Loado seas, mi Señor!

Por mis padres, hermanos, familiares y por el tiempo del seminario. ¡Loado seas!

Por la fuerza y belleza de la naturaleza que encontré, en los sitios que ejercí el ministerio. ¡Loado seas!

Por el vivo recuerdo de tantas personas que me acompañaron a lo largo de mi existencia y sacerdocio. ¡Loado seas!

Por los sacerdotes con los que compartí responsabilidades y por cuantos tuve de vecinos en los distintos arciprestazgos. ¡Loado seas!

Por los adultos, jóvenes y niños, que buscando se dejaron deslumbrar por tu presencia. ¡Loado seas!

Por el pequeño milagro de las sacristanas, mujeres sencillas que cuidaron del altar, los enseres y ornamentos. ¡Loado seas!

Por la inmensa riqueza de los catequistas de niños, jóvenes y adultos, siempre dispuestos a testimoniar su fe. ¡Loado seas!

Por todos los que hicieron posible Cáritas y el apostolado de la salud. ¡Loado seas!

Por los que colaboraron en los consejos parroquiales, archivos y administración. ¡Loado seas!

Por los componentes de los grupos de formación de adultos, jóvenes y niños. ¡Loado seas!

Por los miembros de la Adoración Nocturna, Tarsicios, rezo de laudes y oración en los jueves eucarísticos. ¡Loado seas!

Por las cofradías y hermandades de las distintas parroquias que he servido. ¡Loado seas!

Por los grupos y comunidades parroquiales y vicencianas. ¡Loado seas!

Por los religiosos y las religiosas de vida activa y contemplativa (sor Teresita, en el convento de Santa Eufemia, Antequera, se ofreció a orar por mí siendo seminarista). ¡Loado seas!

Por el recuerdo de mi padre, quien me acompañó durante cinco años e hizo de jardinero, carpintero y portero en la parroquia de la Inmaculada, Arroyo de la Miel (Benalmádena) y al que todos, desde los monaguillos a los catequistas, desde los cofrades a los miembros de la adoración nocturna, desde los nacionales a los turistas, desde los pobres a los menos pobres, llamaban «abuelo». ¡Loado seas!

Porque he trabajado a las órdenes de don Ángel Herrera y don Emilio Benavent, quien me ordenó de presbítero, nombró superior del Seminario Menor, ecónomo en Santiago y envió a Venezuela.

Don Mariano José Parra León, padre y defensor, quien un día tuvo la enorme capacidad de venir a verme a Melilla.

Don Ángel Suquía, quien me visitó en Venezuela y me escribió desde Madrid diciendo que aún recordaba nuestra conversación en Cumanacoa.

Don Ramón Buxarráis, a quien admiré por su humildad y cercanía, y me nombró párroco del Sagrado Corazón (Melilla), La Inmaculada Concepción (Arroyo de la Miel) y San Gabriel (Málaga).

Don Fernando Sebastián, a quien admiré por su sabiduría y capacidad pastoral, el poco tiempo que estuvo al frente de nuestra diócesis.

Don Antonio Dorado, tan cercano y veraz, quien me hizo delegado de Misiones y profesor de Homilética en el seminario.

Y don Jesús Catalá, con el que he trabajado los últimos años hasta mi jubilación, a los ochenta y un años, y me ha concedido que pueda servir como adscrito en la parroquia de San Sebastián. ¡Loado seas!

Y porque llevo tres años viviendo en la residencia de San Juan de Dios, Antequera, rodeado de beneméritas personas mayores, ayudando al hermano Luis. ¡Loado seas!

Y porque me quieres. ¡Loado seas, mi Señor!